Marli M. M. da Costa

Letícia Thomasi Jahnke Botton

GÊNERO

identidade e reconhecimento

vol II

CIP-BRASIL. CATALOGAÇÃO NA PUBLICAÇÃO
SINDICATO NACIONAL DOS EDITORES DE LIVROS, RJ

C874g
v. 2

Costa, Marli M. M. da
Gênero identidade e reconhecimento, volume II / Marli M. M. da Costa, Letícia Thomasi Jahnke Botton. - 1. ed. - São Paulo : Letras Jurídicas, 2020.
192 p. ; 21 cm.

Sequência de: Gênero identidade e reconhecimento, volume I
Inclui bibliografia
ISBN 9788582482117

1. Identidade de gênero - Brasil. 2. Direitos humanos - Brasil. 3. Direitos fundamentais - Brasil. I. Botton, Letícia Thomasi Jahnke. II. Título.

20-66485

CDU: 342.7(81)

Meri Gleice Rodrigues de Souza - Bibliotecária - CRB-7/6439

10/09/2020 11/09/2020

Marli M. M. da Costa
Letícia Thomasi Jahnke Botton

GÊNERO

Identidade e reconhecimento

Vol II

1a Edição – 2020 – São Paulo – SP

LETRAS Jurídicas

Capa:

João Paulo Freire Wayhs

Diagramação:

João Paulo Freire Wayhs

Editor:

Cláudio P. Freire

1a EDIÇÃO • 2020 – São Paulo-SP

LETRAS Jurídicas

Rua Eduardo Prado, 28, Casa 1 - Vila Bocaina - CEP 009310-500 - Mauá - SP

Telefone/Fax: (11) 3107-6501 – Celular: (11) 9-9352-5354

Site: www.letrasjuridicas.com.br

E-mail: vendas@letrasjuridicas.com.br

Impressão no Brasil

APRESENTAÇÃO

"Temos que falar sobre libertar mentes, tanto quanto sobre libertar a sociedade"

Angela Davis

A segunda edição da obra Gênero: identidade e reconhecimento, organizada pelas pesquisadoras Dra. Letícia Thomasi Jahnke Botton e Dra. Marli Marlene Moraes da Costa, contemplam textos de muita relevância que fazem ecoar as palavras de Angela Davis, visto que acenam para o compromisso da liberdade e da dignidade humana como princípios fundamentais para pensar questões de gênero na atualidade.

Nesta obra, você encontrará estudos que apresentam processos histórico-culturais os quais permeiam as relações de gênero na nossa sociedade, os diferentes fenômenos são apresentados sob uma perspectiva multidisciplinar. Lembramos que a pesquisa científica tem o compromisso de devolver para sociedade caminhos e reflexões para sustentação de práticas profissionais, éticas e responsáveis, cada vez mais necessárias, especialmente, nas temáticas de gênero.

Sobre as questões de gênero, vale a pergunta: quais questões? Compreende-se como ponto de partida, os papéis sociais atribuídos ao homem e a mulher, bem como, os destinos associados ao corpo biológico em nossa sociedade. Destaco que esta obra é fundamental, para compreender que o corpo não é destino e não deve ser naturalizado. O livro ao tratar de questões de gênero, apresenta narrativas sobre relações de poder, políticas públicas, práticas multidisciplinares, processos educativos, relações de trabalho, entre outros.

Vejamos isso, por exemplo, no capítulo "A saúde integral da criança e do adolescente e a (im)possibilidade de disforia de gênero na infância", Silveira e Botton apresentam conceitos de sexo, gênero e identidade, exploram o amparos jurídicos da criança e apresentam reflexões sobre a impossibilidade de identificação de disforia de gênero na infância. Destacam a relevância do acompanhamento especializado por equipes multidisciplinares, a importância da família e da temática ser explorada nas instituições escolares, compreendendo a promoção a saúde como direito fundamental.

No capítulo "Os desafios do direito previdenciário na

aposentadoria por tempo de contribuição para o/a transexual e a mediação waratiana como perspectiva para uma possível solução: o desafio de harmonizar o binômio contribuição e gênero", Lopes e Bertaso, desafiam a ciência jurídica a pensar suas práticas quanto as direções da aposentadoria para população transexual, considerando que a atuação profissional deve ser humanizada, ética e responsável. Destaca-se a importância deste trabalho, visto que em 2019 foram registrados 124 assassinatos de pessoas trans no Brasil, sendo o país que lidera o ranking mundial de mortes da população desde 2008 (ONG Transgender Europe). Logo, pensar a aposentadoria desta população, é também, pensar sobre o direito à vida.

Em "Diversidade é sentença: um olhar jurídico sobre o reconhecimento de identidade trans no Brasil", as autoras Angelin e Martins, resgatam a composição de Lenine, para pensar a pluralidade em nossa sociedade. Discorrem sobre as identidades trans e convocam o campo jurídico a pensar sobre o reconhecimento, que além de ser documental, precisa ser também subjetivo, a fim de desmarginalizar essa população, garantir direitos basilares e a dignidade humana.

No capítulo "Políticas públicas de gênero sob o viés da transversalidade: o desafio da perspectiva inclusiva dos direitos das mulheres na gestão estatal", Mazzardo, trata de questões fundamentais relacionadas a inclusão de políticas públicas relacionadas ao direito das mulheres, aponta para o movimento histórico da luta de igualdade protagonizada pelas mulheres e a necessidade de construção de práticas transversais que consolide uma educação que contribua para o desmonte das desigualdades sociais relacionadas às questões de gênero.

Em “Transversalidade de gênero nas políticas públicas para promoção da igualdade de mulheres migrantes” Schwinn e Costa, tratam sobre a temática da migração, práticas discriminatórias e de violência recorrentes contra as mulheres. As autoras destacam que políticas de segurança e controle, não são impeditivos para que os processos migratórios ocorram, considerando este um fenômeno histórico-cultural. Sinalizam a necessidade de políticas públicas transversais que alcancem essa população, especificamente as mulheres que muitas vezes acabam submetidas a condições de vida precarizadas.

A obra encerra com o capítulo “Escola, gêneros e juventudes: Núcleo de gênero e diversidade sexual do IFFAR campus São Borja e estudantes meninas do curso técnico de enfermagem”, que é resultado da dissertação de mestrado de Aline Adams, e apresenta uma pesquisa de opinião com 92 questões, realizada no ano de 2017. Discorre em seu estudo sobre as representações fixadas em padrões sociais historicamente determinados ao homem e a mulher, e as escassas reflexões sobre as questões de gênero na comunidade escolar na cidade de São Borja. O diferencial deste trabalho são os dados obtidos e as ações representadas por fotografias, que ilustram os dispositivos construídos na escola para promoção de ações de igualdade de gênero. Este estudo destaca a necessidade de políticas que atendam as demandas de gênero na escola, e sejam ações permanentes nos processos educativos.

Finalizo resgatando a referência de Angela Davis, “temos que falar sobre libertar mentes”, professora, mulher, negra, ativista e feminista, símbolo da luta e da resistência coletiva. Este livro é um coletivo, em busca de uma sociedade mais justa e igualitária, aqui o meu desejo que esta obra alcance seus objetivos e aos leitores, pesquisadores, estudiosos e interessados pela temática, que os textos sejam condutores de reflexões críticas.

Mariana de Almeida Pfitscher
Psicóloga
Mestre em Psicologia UFSM
Coordenadora e Professora Curso de Psicologia ULBRA Santa Maria

PREFÁCIO

O livro que aqui se prefacia traz à lume temas de grande valia no atual contexto histórico, já que noticia o preconceito às minorias, especificamente quanto à sexualidade. A leitura dos artigos compilados pelas Organizadoras é de suma importância, pois se está diante de pesquisas que têm o olhar voltado ao respeito à diversidade de gênero.

A instabilidade do momento hodierno se potencializa pela forma atual das relações sociais, as quais estão intimamente ligadas ao *parecer*, que se sobrepõe ao *ser* ou *ter*, ou seja, está-se diante de uma sociedade do espetáculo, como diria Guy Debord, em que as relações são mediadas por imagens e por fugacidade, em que a espetacularização assume protagonismo em detrimento da aplicabilidade dos direitos humanos e da dignidade da pessoa humana. Trata-se de uma sociedade da informação, em que resta clara, notadamente pelas redes sociais, a distância da aplicabilidade da cidadania e direitos humanos nas relações.

Nesse sentido, o preconceito à diversidade de gênero seja histórico, verifica-se que a configuração atual da sociedade, por meio da (má) informação, potencializa a cultura do ódio em relação ao diferente e escancara o machismo, a homofobia e a transfobia.

Assim, constata-se em todos os artigos da obra a íntima ligação com os direitos fundamentais e os direitos humanos, pois trazem temas ligados à educação, migração, saúde, trabalho, criança e adolescente, todos com o viés da identidade de gênero. Partindo-se da ideia de que os direitos humanos é que devem nortear a cidadania, por serem produto de um sentimento universal da ética humana entre os indivíduos, verifica-se a necessidade de se tratar de temas caros como os aqui abordados.

A pesquisa e a produção de artigos, em especial os ora apresentados, mostram-se de suma relevância, já que possibilitam a discussão de assuntos importantes e que são capazes de concretizar os ditames constitucionais, visando a uma sociedade justa, livre e igualitária em suas diferenças.

Dessa forma, a partir da qualificação profissional das Organizadoras, as quais são reconhecidas pesquisadoras na área jurídica e que, além de ensinarem, empoderam e entusiasmam seus alunos, inquietando-os para as questões sociais hodiernas no que tange à diversidade de gênero, verifica-se uma obra de distinta qualidade.

Assim, lisonjeada e agradecida pelo convite de prefaciar a obra, rogo que estes trabalhos sejam fonte de conhecimento e aperfeiçoamento e que tragam a capacidade reflexiva a que se propõem, já que a importância do livro transcende o âmbito jurídico, alcançando os setores político e social.

Boa leitura e (h)à luta!

Júlia Bagatini

Doutora em Direito pela UNISC

Professora da Universidade Federal do Pampa

Advogada

SUMÁRIO

ESCOLA, GÊNEROS E JUVENTUDES: NÚCLEO DE GÊNERO E DIVERSIDADE SEXUAL DO IFFAR CAMPUS SÃO BORJA E ESTUDANTES MENINAS DO CURSO TÉCNICO EM INFORMÁTICA

Aline Adams[1]

1 Professora do Instituto Federal de Educação, Ciência e Tecnologia Farroupilha – campus São Borja, doutoranda em Direito pela Universidade do Alto Uruguai e Missões (URI) – campus Santo Ângelo, mestra em Educação pela Universidade Federal de Santa Maria (2018), mestra em Ciências Criminais pela Pontifícia Universidade Católica do Rio Grande do Sul (2010), especialista em Ciências Penais pela PUCRS (2007), bacharela em Direito pela UFSM (2006), licenciada para atuação na Educação Profissional, Técnica e Tecnológica pela UFSM (2011).
Email: aline.adams@iffarroupilha.edu.br

CONSIDERAÇÕES INICIAIS

Este artigo faz parte de uma pesquisa maior, fruto de minha Dissertação de Mestrado no Programa de Pós-Graduação em Educação da Universidade Federal de Santa Maria. Esta pesquisa foi realizada com 38 estudantes do curso técnico em informática integrado ao ensino médio do Instituto Federal de Educação, Ciência e Tecnologia Farroupilha – campus São Borja. A coleta de dados consistiu em uma pesquisa de opinião por meio de um formulário eletrônico com 92 questões abertas e fechadas realizadas no mês de julho de 2017.

A inquietude para a realização deste estudo deu-se em razão de que eu sou docente deste campus desde o ano de 2012 e percebia de forma visual que o universo de estudantes meninas neste curso era muito menor do que o de rapazes, ao passo que no outro curso disponível de ensino médio integrado ao ensino técnico – o Curso de Eventos – esses números eram inversos.

A tabela abaixo (tabela 01) mostra os dados atuais de ingresso em primeira chamada[2] dos cursos técnicos em informática e eventos integrados ao ensino médio e, assim, demonstra a grande diferença de procura de ambos os gêneros nos dois cursos. Além disso, também é possível visualizar que, mesmo com o passar dos anos, não modificou de forma substancial a procura dos meninos e meninas pelos cursos, pelo contrário, esse padrão foi mantido.

---

2 O ingresso para os cursos de ensino médio integrado à educação profissional do Instituto Federal Farroupilha se dá por processo seletivo anual.

Tabela 01 – Número de ingressantes

Curso	2017		2018		2019	
	Meninos	Meninas	Meninos	Meninas	Meninos	Meninas
Eventos	13	47	14	46	13	47
Informática	42	18	43	17	38	22

Fonte: a autora

São Borja é uma cidade marcada fortemente pela divisão sexual do trabalho e pelas representações do "gaúcho", como o homem forte, másculo, viril, rude e da "prenda", como a mulher esposa, mãe, cuidadora do lar e da família. Essas representações, embora estejam em constante modificação, ainda fazem parte do imaginário popular e da forma como se constituem os homens e mulheres no município. Desde tenra idade os meninos são incentivados às atividades ligadas ao masculino, ao campo, ao tradicionalismo, enquanto esse espaço é limitado para as meninas (CONTO, 2012, p. 138-140).

Apesar da igualdade entre homens e mulheres estar aumentando no mundo do trabalho, ainda prevalece uma divisão silenciosa de profissões – e de cursos de formação, portanto – por gênero. Assim, é visível a procura das mulheres por cursos em que o "cuidado", a "proteção", a "criatividade", típicas da identidade do gênero feminino, estejam presentes, como a pedagogia, a enfermagem ou o curso de eventos aqui estudado. Enquanto isso, cursos em que imperam as questões de lógica, matemática, força e raciocínio ainda são predominantemente ocupados por homens, como as engenharias em geral ou a informática.

Quando da realização da coleta de dados desta pesquisa, em julho de 2017, os dados de meninos e meninas pertencentes a cada um dos cursos técnicos integrados ao ensino médio eram ainda mais acentuados no que diz respeito à divisão por gêneros (tabela 02). O total de meninas no curso técnico em informática era de 48, em contrapartida aos seus 117 colegas meninos. Já em eventos, o número de meninos era maior do que os dados atuais, pois naquela oportunidade havia 30 rapazes matriculados e 126 moças.

Tabela 02 – Número total de matrículas por curso e por gênero em 2017

Curso	Meninas	Meninos
Eventos	126	30
Informática	48	117

Fonte: a autora

Das matriculadas no curto de informática, 38 participaram desta pesquisa. O restante não participou por não contar com a idade mínima de 15 anos (um dos objetivos da pesquisa era trabalhar com a juventude e o marco temporal mínimo fixado pela legislação brasileira é o de 15 anos de idade), por não trazer a documentação completa autorizando a coleta de dados, ou por não estarem presentes no campus na data da pesquisa. Saliente-se que esta pesquisa foi autorizada pelas estudantes, por suas famílias, pelo IFFAR e aprovada pelo Comitê de Ética em Pesquisa (CEP) da UFSM.

A pesquisa teve como objetivo geral analisar quais as relações que se estabelecem entre as estudantes meninas do curso técnico em informática integrado ao ensino médio do IFFAR, campus São Borja, em razão da divisão sexual do trabalho. A base epistemológica foi o feminismo, o método de pesquisa foi qualitativo e a técnica de análise dos dados foi da análise de conteúdo. Para este artigo, o recorte escolhido teve como objetivo discutir as questões que emergiram sobre identidade de gênero e sexualidade das estudantes e sua relação com o Núcleo de Gênero e Diversidade Sexual (NUGEDIS) do campus.

Assim, num primeiro momento realizarei um breve apontamento teórico sobre identidade de gênero, orientação sexual e sexo biológico e, após, farei algumas reflexões sobre a realidade das estudantes pesquisadas.

1 IDENTIDADE DE GÊNERO, ORIENTAÇÃO SEXUAL E SEXO BIOLÓGICO: CATEGORIAS EM (DES)CONSTRUÇÃO

No que diz respeito à ideia de mulher ante o sexo biológico e o gênero, Simone de Beauvoir, em seu "O Segundo Sexo" (2016) impulsionou as discussões sobre o conceito de gênero, não só a partir da sua famosa frase de que *não se nasce mulher, torna-se mulher,* mas como também de toda uma análise da construção social da identidade feminina e da mulher como "o outro", como um corpo objetificado, que deve ser contido pela cultura e que é permanentemente levada a se ver pelos olhos dos homens.

Para Garcia (2015, p. 19) o conceito de gênero é a categoria central da teoria feminista e que parte da concepção de que o masculino e o feminino não são fatos biológicos ou naturais, mas construções culturais. Segundo a autora, "por gênero entendem-se todas as normas, obrigações, comportamentos, pensamentos, capacidades e até mesmo o caráter que se exigiu que as mulheres tivessem por serem biologicamente mulheres."

Em outro sentido, quando Louro (2014, p. 27-28) define gênero compreende que: "A característica fundamental social e relacional do conceito não deve, no entanto, levá-lo a pensar na construção de papéis masculinos e femininos. (...) A pretensão é, então, entender o gênero como constituinte da identidade dos sujeitos" (com grifos no original). Assim, para a autora, o conceito de gênero não tem relação com os lugares ocupados por homens e mulheres na sociedade, mas na sua própria identidade. Ela defende que as pessoas se identificam de acordo com os seus gêneros, como também em relação a sua classe, etnia, nacionalidade, entre outros, de forma que transcende a ideia de meros papeis, mas constituem os sujeitos. Além disso, para Louro (2014, p. 31) tanto na dinâmica de gênero como na de sexualidade as identidades nunca são acabadas ou finalizadas, posto que estão em constante mutação e construção. Assim, as identidades são sempre instáveis, em constituição, em transformação.

Uma das influências de Louro é Butler (2016), em sua obra "Problemas de gênero: feminismo e subversão da identidade" que inaugurou a chamada teoria Queer. Nela, a autora trabalha com a concepção de que a categoria gênero não é fixa, mas praticável por meio de ações repetidas e não por uma realidade preexistente. Para Butler os gêneros não são binários entre masculino e feminino, mas múltiplos e exercidos conforme os sujeitos se reconheçam ou desejam.

Nesse sentido, a heteronormatividade é uma expectativa social que associa e determina coerência ao corpo, à identidade de gênero e ao desejo sexual. É isso que faz com que no imaginário coletivo, promovido historicamente pelos discursos religiosos, médicos, psiquiátricos e psicanalíticos (COLLING, 2014) o lugar em que um corpo feminino ocupa no mundo diz sobre com quem se relacionará e como se espera que se comporte socialmente. Assim, ao supor que toda pessoa que nasceu com uma vagina terá necessariamente uma identidade de gênero feminina e desejará práticas sexuais somente com homens, estamos trabalhando dentro do conceito de **matriz de gênero** (figura 1).

Figura 1 – Matriz de gênero

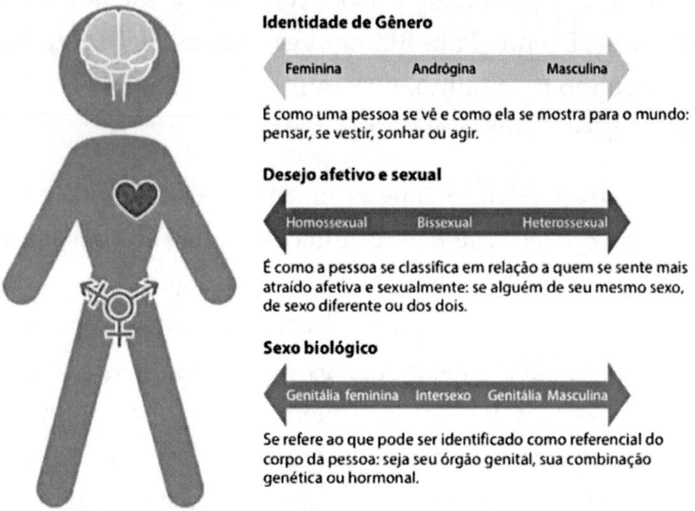

Fonte: ESCOURA, Michele. Relações de gênero no currículo da EJA. In: **Jovens adultos em sala de aula**: Sujeitos e aprendizagens na EJA. 1. Ed. São Paulo: Ação Educativa, 2014.

"Embora ao longo da vida nossa educação de gênero tente nos encaixar nas expectativas da matriz de gênero, a variedade da existência humana mostra que muitas outras combinações entre corpo, identidade, desejo e práticas sexuais são possíveis". (LINS et al, 2016, p. 70) Assim, quando se fala em sexo biológico, sua conceituação pode ser aquela baseada na ordem compulsória do binarismo macho/fêmea advinda da natureza e determinada exclusivamente por questões anatômicas e fisiológicas do corpo humano. Dessa forma, diz-se que se trata de fêmea o indivíduo que nasceu com vagina e de macho o sujeito que nasceu com pênis, podendo haver ainda as pessoas intersexuais, ou seja, aqueles que possuem qualquer variação de caracteres sexuais incluindo cromossomos, órgãos genitais/gônadas que dificultam ou impossibilitam a designação médica ao nascer.

O sexo biológico, contudo, não se confunde com a identidade de gênero do sujeito. Para Lara et al (2016, p. 23) a construção de gênero vai além das questões relativas aos papéis sociais esperados para cada um dos sexos, sendo capaz também de produzir corpos. As autoras utilizam como exemplo dessa produção de corpos o fato de que no caso das mulheres há a perfuração das orelhas tão logo ao nascimento como alto "natural" e até mesmo esperado para as meninas. Ainda que na atualidade um número considerável de homens opte pelo uso de brincos, anéis, cabelos compridos, tal não é uma marcação de gênero para esses sujeitos, mas uma mera escolha estética.

Assim, não necessariamente a identidade de gênero vai coincidir com o sexo biológico do sujeito. Na lição de Scott (1990), as discussões de gênero rompem com o binarismo pautado na oposição a outra possibilidade de existência que não homem e mulher. Nesse sentido,

> o sexo foi entendido pelo discurso biológico como o conjunto de características genéticas, anatômicas e hormonais, que distinguem o XY (macho) do XX (fêmea), mas essa mesma palavra é corretamente utilizada para designar o órgão sexual e a relação genital entre pessoas, incluindo ou não penetração. Entendo o sexo como um feito social marcado pelo significado cultural e não apenas um ato natural, uma anatomia ou função biológica de caráter reprodutivo. Se aceitarmos o entendimento sobre o corpo como uma situação cultural, então a noção

> de corpo e sexo natural se faz cada vez mais suspeita (CAETANO, 2016, p. 157)

Dessa forma, pode-se dizer que as pessoas que reconhecem seu gênero no sexo biológico designado ao nascer são chamadas de cisgêneras, ao passo que aquelas que não se identificam o sexo biológico são chamadas de transgêneras. São as "pessoas cuja identidade de gênero é diferente da esperada para seu corpo – sujeitos nascidos com pênis que tem comportamentos, sonhos e autoimagens femininas; ou vagina que têm comportamentos, sonhos e autoimagens masculinas"(LINS et al, 2016, p. 70).

2 JOVENS MULHERES ESTUDANTES DO CURSO TÉCNICO EM INFORMÁTICA: SUAS VIVÊNCIAS, SEXUALIDADES E A ESCOLA

Na pesquisa realizada, nenhuma das estudantes se reconheceu como transgênera, mas 42,1% afirmou não saber qual o significado desse conceito. Saliente-se que a priori não há nenhuma estudante atualmente no IFFAR, campus São Borja, que seja mulher transgênera, apesar dessa circunstância já ter acontecido em outras oportunidades. Inclusive em razão de postulação de uma egressa transgênera do *campus* São Borja é que o IFFAR passou a adotar o nome social para todas as pessoas transexuais da Instituição. Tal está previsto desde 2015 pela Instrução Normativa IFFARROUPILHA n.03.

Nesse sentido, prezando a instituição pelo respeito à identidade de gênero das pessoas que a frequentam e o IFFAR possuindo normas específicas para garantir o tratamento sem discriminação, é importante que se mantenha a formação específica e contínua dos servidores. "É necessário que toda a equipe escolar, inclusive quem trabalha nos ambientes comuns da escola, participe das formações específicas sobre a temática de gênero – para que permitam que travestis e transexuais usem o banheiro em que se sintam mais seguras/os e que percebam qualquer sinal de discriminação e violência" (LINS et al, 2016, p. 78).

No que diz respeito à orientação sexual, 71,1% das jovens pesquisadas se reconheceram como heterossexuais, havendo um número significativo, portanto, de meninas que entendem sua sexualidade como diversa. Nesse sentido, a construção dos desejos não é um processo necessariamente consciente, de forma que não se opera no campo daquilo que é racional, livre e individual. Dessa forma, a utilização aqui do termo "orientação sexual" carrega consigo os significados de que a heterossexualidade não é a única possibilidade de vivência de relações afetivas e sexuais e que tal situação não advém de uma opção ou escolha do indivíduo.

Às estudantes que não se reconhecem como heterossexuais foi questionado se já sentiram algum tipo de preconceito. Das oito respondentes, três afirmaram que já sofreram sendo que uma disse já ter recebido "piadas maldosas de colegas e até mesmo amigos". Para lidar com essas e outras questões, o IFFAR possui em cada um dos seus campus o Núcleo de Gênero e

Diversidade Sexual (NUGEDIS) que tem por objetivo desenvolver projetos, ações e debates a fim de promover o respeito e a valorização de todos os sujeitos no que diz respeito às questões de gênero e diversidade sexual.

Nesse sentido, no Plano de Desenvolvimento Institucional do IFFAR (PDI-2019-2026) estão disponíveis os princípios norteadores das ações inclusivas, entendendo-se como inclusão a garantia de acessibilidade, de acolhimento, de permanência do/da estudante na instituição de ensino e o acompanhamento do egresso no mundo do trabalho.

Essa concepção prevê respeito às diferenças e à diversidade, especificamente, dos grupos em desvantagens sociais, em que se encontram inseridas as pessoas com deficiência e as diferentes etnias, gênero e cultura. Por isso, o IFFAR compreende como necessária a prioridade de ações voltadas, entre outras, para o reconhecimento, o respeito, o acolhimento, o diálogo e o convívio com a diversidade de orientações sexuais. Nesse sentido, a instituição entende que essas questões fazem parte da construção do conhecimento e das relações sociais de responsabilidade da escola como espaço formativo de identidades, sendo que especificamente as questões ligadas ao corpo, à prevenção de doenças sexualmente transmissíveis, à AIDS, à gravidez na infância e na adolescência, à orientação sexual, à identidade de gênero são temas que fazem parte desta política institucional.

Assim, alguns núcleos compõe a Coordenação de Ações Inclusivas (CAI) da instituição, entre eles o Núcleo de Gênero e Diversidade Sexual (NUGEDIS). Com intuito de proporcionar mudanças de paradigmas sobre a diferença, mais especificamente sobre gênero e heteronormatividade, o NUGEDIS objetiva proporcionar espaços de debates, vivências e reflexões acerca das questões de gênero e diversidade sexual, na comunidade interna e externa, viabilizando a construção de novos conceitos de gênero e diversidade sexual, rompendo barreiras educacionais e atitudinais na instituição, de forma a promover inclusão de todos na educação.

A criação do núcleo ocorreu não só como parte da política institucional, como também em atendimento à legislação brasileira. Cumpre esclarecer que a Lei de Diretrizes e Bases da Educação (Lei n. 9394/96), em seu artigo 3º aduz que o ensino brasileiro será ministrado com base nos princípios da liberdade de aprender, ensinar, pesquisar e divulgar a cultura, o pensamento, a arte e o saber (inciso II); do pluralismo de ideias e de concepções pedagógicas (inciso III); do respeito à liberdade e apreço à tolerância (inciso IV), entre outros. Assim, as concepções pedagógicas que norteiam o fazer docente devem dizer respeito sempre à promoção do respeito à diversidade, às diferenças e à alteridade. Esses princípios são corolários de diversos outros dispositivos constitucionais, em especial o que traduz como um dos objetivos da República Federativa Brasileira o de "promover o bem de todos, sem preconceitos de origem, raça, sexo, cor, idade e quaisquer outras formas de discriminação" (art. 3º, III, CF/88).

Nesse sentido, a Resolução do Conselho Nacional de Educação n. 06/2012 que instituiu as Diretrizes Curriculares Nacionais para a Educação Profissional Técnica de Nível Médio estabeleceu como um dos princípios norteadores dessa modalidade educativa no Brasil o respeito aos valores estéticos, políticos e éticos da educação nacional, na perspectiva do desenvolvimento para a vida social e profissional (art. 6º, II) e o reconhecimento das identidades de gênero e étnico-raciais, assim como dos povos indígenas, quilombolas e populações do campo (art. 6º, IX). Dessa forma, o IFFAR ao elaborar o seu PDI (2019-2026) elencou iguais principiologias como norteadoras das suas políticas institucionais.

Assim, conforme Relatório do NUGEDIS do *campus* São Borja do ano de 2017 que me foi disponibilizado em versão digital, algumas ações foram desenvolvidas no sentido de minimizar os preconceitos e promover o debate no que diz respeito à sexualidade das/dos estudantes. No mês de junho, dedicado ao "Orgulho LGBTT"[3] em diversos lugares do mundo, o Núcleo promoveu a colocação de duas bandeiras do "arco-íris"[4] (figuras 2 e 3) no *campus*, o que gerou polêmica, desconforto e algumas ofensas por parte da comunidade acadêmica (figuras 4 e 5).

3 "Faz referência à revolta de Stonewall, ocorrida em Nova York, no dia 28 de junho de 1969, quando um grupo de gays resolveu enfrentar a frequente violência policial sofrida pelos homossexuais. Naquela madrugada de 1969, homossexuais que se encontravam no bar gay Stonewall Inn *resolveram enfrentar a ação da polícia, permanecendo por vários dias confinados dentro dele e recebendo o apoio de uma multidão de gays e lésbicas que, amontoados do lado de fora, apoiavam a resistência. A partir de então, o episódio passou a ser considerado como o da libertação gay, elevando o status de 28 de junho, que passou a ser tido como O Dia Internacional do Orgulho Gay.»*
(disponível em https://www.jornal.usp.br/atualidades/colunista-explica--por-que-junho-e-o-mes-do-orgulho-gay/%3famp)

4 A bandeira foi criada em 1978 por Gilbert Baker para representar a luta do movimento LGBTTI+ por igualdade e respeito. Nas palavras do autor, "a bandeira usa algo da natureza para representar que nossa sexualidade é um direito humano". (Disponível em https://www.bbc.com/portuguese/amp/internacional-39466677)

> As bandeiras medem sete metros de comprimento cada uma, e foram instaladas ao longo de dois espaços do nosso Campus. Foi suficiente para que a intolerância de alguns, marca dos tempos em que estamos vivendo, e apesar de todo trabalho que viemos fazendo, se expressasse de formas grotescas e impronunciáveis. Qual o significado de um símbolo e por que ele é tão ofensivo a alguns?
>
> Aqui é necessário relatar que houveram ataques pessoais a alguns membros do NUGEDIS-SB, partindo de alunos desinformados através da rede social *twitter* e também no *Snapchat*. Como a professora não possui perfil nessa rede social, os alunos começaram a mandar *prints* dos *twittes* para ela, expressando a sua indignação e repúdio as manifestações gordofóbicas e homofóbicas. Foi aberto um processo contra os alunos envolvidos, por entender que o ataque não foi apenas contra a pessoa que instalou as bandeiras, mas contra um núcleo institucionalizado e, por isso, contra a instituição. (RELATÓRIO NUGEDIS 2017)

Figura 2 – Fachada do *campus* São Borja em Ação do NUGEDIS

Fonte: INSTITUTO FEDERAL FARROUPILHA. **Relatório do NUGEDIS-SB**, 2017.

Figura 3 – Interior do prédio de salas de aula em Ação do NUGEDIS

Fonte: INSTITUTO FEDERAL FARROUPILHA. **Relatório do NUGEDIS-SB**, 2017.

Figura 4 – Comentário publicado por estudante em rede social *twitter*

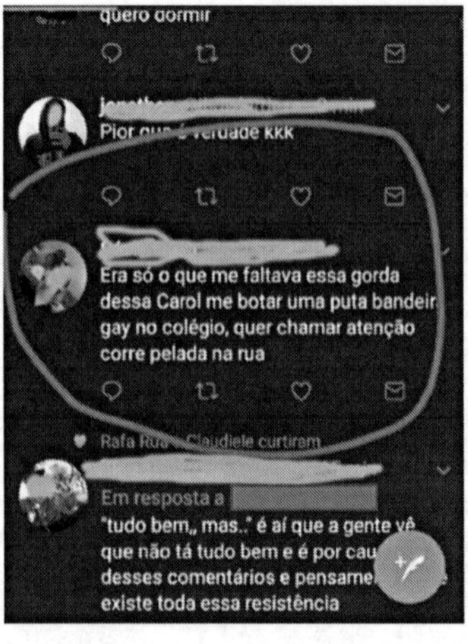

Fonte: INSTITUTO FEDERAL FARROUPILHA. **Relatório do NUGEDIS-SB**, 2017.

Figura 5 – Foto publicada por estudante em rede social *snap-chat*

Fonte: INSTITUTO FEDERAL FARROUPILHA.. **Relatório do NUGEDIS-SB**, 2017.

Ao longo da história há muitos momentos em que a homossexualidade ou a bissexualidade não eram consideradas um problema e tampouco desvalorizadas, como na Grécia antiga ou em algumas comunidades indígenas (LINS et al, 2016, p. 73). Dessa maneira, a forma como os desejos sexuais e afetivos são encarados socialmente passa pelo momento histórico – e obviamente pela cultura em que o sujeito está inserido – nem sempre se relacionando diretamente a questões de desigualdade ou exclusão. Contudo, ainda que aparentemente pareça que a juventude esteja mais tolerante ou, inclusive, mais livre para experimentar outras possibilidades de se relacionar, também parece que, por meio da ampliação do uso das redes sociais, a intolerância, os discursos de ódio e a violência contra as pessoas LGBTT ou outros grupos minoritários tenha se manifestado de forma mais contundente.

Nesse sentido, o poder dos computadores não mais se limita exclusivamente à interação da pessoa com a máquina, mas à ligação que os usuários podem fazer uns com os outros por meio das redes sociais – ou da sociedade em rede. Agora se pode falar, trocar ideias e sentimentos, interagir, opinar sobre os mais diversos temas, tudo em tempo real e simultâneo aos acontecimentos. E é nesse meio que a juventude experimenta a influência dessas ferramentas informativas e de comunicação na formação da sua própria identidade e da forma como se relaciona com o mundo. (LEITE et al, 2007, p. 202). Por meio das redes sociais é possível não só descobrir uma gama de possibilidades de vivências de experiências como também de externar preconceitos.

> É nas entrelinhas e nos desvios de condutas que aparecem os discursos de ódio propagados e compartilhados nas redes sociais, pois os usuários que praticam tais atos acreditam que estão protegidos pelo anonimato que supostamente a oferece. Assim, baseados nessa suposta "invisibilidade online", os usuários promovem ataques pessoais a pessoas comuns e a personalidades que se destacam na sociedade, mas principalmente, as pessoas que se encaixam em grupos de maior vulnerabilidade. Ataques contra a população LGBT evidenciam a lesbofobia, homofobia, bifobia e transfobia e o quanto estas são presentes no cotidiano, na sociedade. (...) Assim, Qualquer pessoa que se desvie dos padrões heteronormativos recebe uma carga de ódio, reflexo do preconceito arraigado em nossa cultura que tem se mostrado em ações cada vez mais extre-

> mas. Desta forma, é preciso que se lute por um mundo mais igualitário para todas as pessoas, por uma sociedade que reconheça e reveja seus preconceitos, seus privilégios e sua exclusão. (KRAWCZAK e SANTOS, 2017, p. 7/13)

A discriminação é vista em vários espaços escolares, já que a hierarquização de diferentes grupos identitários, bem como as expectativas de coerência entre sexo biológico/gênero/orientação sexual dos estudantes aparece no currículo e nas relações sociais dentro da escola. "Para vários sujeitos que observam e internalizam a importância da educação escolar, seus anos de escolaridade serão atravessados pela capacidade de driblar, ocultar ou mesmo vivenciar agressões sofridas em detrimento de sua sexualidade." (CAETANO, 2016, p. 242).

Ainda que aparentemente as ações desenvolvidas, então, pelo NUGEDIS do *campus* pesquisado sejam um avanço nas políticas de reconhecimento e acolhimento da comunidade escolar LGBTT, é importante que essas questões sejam incorporadas nos currículos, não só de forma oculta, mas evidente, permanente. Por ora, parece importante dar visibilidade e representatividade às diversas formas de se reconhecer e de viver, porque é preciso desocultar, tirar do invisível, trazer do espaço da inexistência para que se torne cotidiano. Mas não é só. Guacira Lopes Louro, discutindo a questão da "normalidade", da "diferença" e da "excentricidade" afirma a necessidade da incorporação curricular desses debates, em especial porque a ideia de diferença sempre é atribuída no interior de uma dada cultura onde características podem ser valorizadas ou não, sempre limitando e demarcando uma fronteira. Ela entende que é preciso compreender que há um conjunto de códigos, representações e práticas discursivas que atribuem diferentes significados aos corpos e às identidades. As diferenças, assim, deixam de ser um dado e passam a ser vistas a partir de um determinado lugar. Só existe diferença, se existe "normalidade", portanto.

> Talvez seja mais produtivo para nós, educadoras e educadores, deixar de considerar toda essa diversidade de sujeitos e de práticas como um "problema" e passar a pensá-la como constituinte do nosso tempo. Um tempo em que a diversidade não funciona mais com base na lógica da oposição e da exclusão binária, mas, em vez disso, supõe uma lógica mais complexa. Um tempo em que a multiplicidade de sujeitos e de práticas sugere o abandono do discurso que posiciona hierarquicamente, centro e margens em favor do outro discurso que assume a dispersão e a circulação de poder. Não eliminamos a diferença, mas, ao contrário, observamos que ela se multiplicou – o que nos indica o quanto ela é contingente, relacional, provisória. A diversidade nos demonstra, mais do que nunca que a história e as lutas de um grupo cultural são atravessadas e contingenciadas por experiências e lutas conflitantes, protagonizadas por outros grupos. (...) Precisamos prestar atenção às estratégias públicas e privadas que são postas em ação, cotidianamente, para garantir a estabilidade da identidade "normal" e de todas as formas a elas associadas; prestar atenção às estratégias que são mobilizadas para marcar as identidades "diferentes" e aquelas que buscam superar o medo e a atração que nos provocam as identidades "excêntricas". (LOURO, 2013, p. 53)

Nessa mesma perspectiva, é possível fazer a leitura de gênero a partir de Foucault e de sua construção sobre a disciplinarização ou docilização dos corpos. Os estudos do autor sobre a sociedade disciplinar, em especial na sua obra "Vigiar e Punir" (2003), apesar de não serem especialmente destinados à construção de identidade de gênero, podem ser utilizados para a compreensão de como os corpos são vistos nesse modelo de sociedade. Foucault centra sua teoria na utilização do modelo arquitetônico de panóptico usado em manicômios e prisões e preconizados por Jeremy Bentham. Nele, os apenados poderiam ser vigiados durante todo o tempo sem ter meios de saberem se isso estava acontecendo efetivamente, de forma que com o passar do tempo, na teoria, os comportamentos que inicialmente apenas aconteciam sob vigilância real passariam a ser assimilados pelos corpos, tornando-os disciplinados e dóceis.

Essa relação entre os corpos disciplinados de Foucault e o gênero feminino pode ser percebido ao longo do processo de criação diferenciada entre meninos e meninas. As crianças do gênero masculino são incentivadas desde muito pequenas a assumir posições de comando, a brincarem de super heróis, a dirigirem carros de brinquedo, a realizarem aventuras, a praticarem esportes de luta, a construírem robôs e foguetes. Aos meninos não é imposto comportamento delicado e é compreensível que ser expansível, agitado e irritado é "natural para os homens". Já as meninas, em contrapartida, são instadas a brincadeiras que as preparem para o exercício das atividades do privado, como o cuidado com as bonecas, as panelinhas, os ferrinhos de passar roupa. Tão logo as pequenas mulheres começam a caminhar já ganham suas primeiras vassourinhas e lhes é exigido auxílio exclusivo nas tarefas domésticas, num ato de preparação para a vida "de mulher". Além disso, às meninas não são cabíveis comportamentos agressivos, desleixados e rudes, pois delas se espera que sejam bondosas e delicadas.

Nesse sentido, a disciplinarização dos corpos trazida por Foucault torna as mulheres, desde sempre, limitadas ao exercício do comportamento esperado para o seu gênero em razão da sua condição biológica. As meninas e, depois as mulheres, são condicionadas por meio de sua socialização a interiorizarem os comportamentos a elas esperados e, em razão disso passam efetivamente a ocupar o lugar a elas destinado.

Ainda, quando questionadas sobre o que é pior de ser mulher, as jovens dividiram majoritariamente suas respostas em três grupos: 1) menstruação, 2) assédio, 3) machismo. Essas respostas parecem se relacionar sobre também o que enxergam que afligem as suas colegas meninas, já que a primeira categoria menciona uma questão relacionada ao corpo (menstruação) com a gravidez na adolescência. Na segunda categoria as desilusões amorosas, talvez intimamente ligadas a relacionamentos abusivos ou a cultura do estupro também podem se relacionar com o assédio, que afirmam temer. E, por fim, o machismo, categoria que tem sido amplamente discutida na juventude feminina e que parece efetivamente incomodar as estudantes.

Chama atenção, num primeiro momento, o quanto é relevante para essas jovens mencionar que o que mais lhe incomodam em serem mulheres é o fato de menstruarem, uma condição biológica e natural que deriva de serem mulheres cisgêneras. Essa questão, talvez mais do que um incômodo físico provocado pelas dores e pela sensibilidade do período menstrual, tenha ligação com as questões culturais patriarcais que a envolvem. Segundo ROSA (2016, p. 55) o Terceiro Livro do Antigo Testamento, o Levítico, trata-se de uma espécie de livro legislativo, que instaura no cristianismo as regras que devem ser seguidas. Nele há a separação entre condutas puras e impuras, aduzindo que as impurezas do corpo do homem residem no sêmen e das mulheres na menstruação. De acordo com a Bíblia, então, a mulher ficaria impura por sete dias durante a menstruação, devendo ser segregadas socialmente para não contaminar os demais.

Ainda de acordo com ROSA (2016, p. 56)

> Na idade média não era raro que crianças ruivas que nascessem fossem mortas, pois supostamente a mãe as havia concebido no período menstrual. Esse nojo pelo sangue menstrual é cultivado por mulheres, mas principalmente, por homens. O nojo foi uma maneira brilhante que o patriarcado encontrou de fazer uma manutenção constante – e infinita – de misoginia. (...) Mulheres sofrem caladas suas dores porque "ninguém é obrigado a saber que você está menstruada", carregam absorventes até o banheiro como se estivessem portando uma droga ilegal, ensinam suas filhas a terem vergonha de algo tão natural quanto o suor. Algo que tem a ver com a fisiologia humana, mas ainda é um tabu que percorre diferentes culturas.

Já no que diz respeito ao assédio, este tem relação direta com o machismo, pois as violências praticadas contra as mulheres em razão do seu gênero podem assumir múltiplas formas. Essas violências, que podem ser físicas, sexuais, psicológicas ou até mesmo simbólicas, conforme já referido em Bourdieu, expressam relações de poder, hierarquia e dominação masculina, sendo concebidas em muitas vezes como parte do processo de aprendizagem da virilidade. São legitimadas socialmente, portanto. Uma das estudantes pesquisadas faz, inclusive, essa reflexão sobre o que mais a incomoda:

> *Ser desrespeitada diariamente em pequenas atitudes, pois ideologias machistas patriarcais nos oprimem. Nossos corpos são vulgarizados em mídias e em vários aspectos na sociedade, e é incômodo dizer que uma mulher não pode, ou não tem capacidade para fazer o que bem entende consigo mesma, ou que ela deve ser submissa ao que lhe é imposto, é um erro... essas coisas que infelizmente nós passamos e temos que lutar contra isso a cada dia.*

A cultura do estupro, por ser simbólica, não aparece necessariamente de forma escancarada, mas em discursos, propagandas, piadas, senso comum. Ela se materializa em diversas formas e seu impacto mais forte é quando a mulher passa a ser vítima das mais diversas formas reais de violência. O IPEA em 2014 realizou uma pesquisa sobre a tolerância social à violência contra a mulher e os resultados causaram grande impacto.

Por exemplo, quando perguntadas se as mulheres seriam menos estupradas se soubessem se comportar, 58,5% das pessoas concordaram (gráfico 01). Ou seja, a sociedade brasileira parece compreender que o assédio, o estupro e as violências contra as mulheres são resultados também de suas condutas. Assim, se compreende porque as meninas pesquisadas responderam em volume tão enfático sobre o assédio e o machismo ser o pior do ser mulher.

Gráfico 01 – Se as mulheres soubessem se comportar haveria menos estupro?

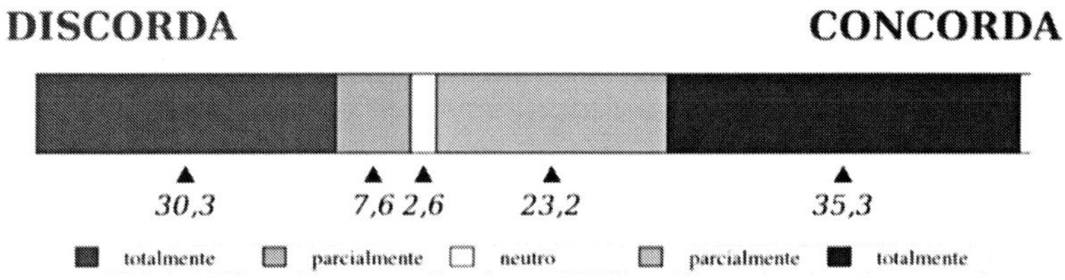

Fonte: Ipea/SIPS Tolerância social à violência contra as mulheres.

> A diferença de postura de tolerância/intolerância à violência doméstica e à violência sexual reafirma mais uma vez a dificuldade de se estabelecer no Brasil uma agenda de direitos sexuais e de direitos reprodutivos e uma visão de que os corpos das mulheres a elas pertencem. Neste sentido, demandas feministas presentes há décadas ainda são bastante atuais em nosso país, e a permanência de ideias tão avessas a uma perspectiva de direitos humanos, apesar de confirmarem estudos qualitativos e percepções gerais sobre o ambiente social, ainda causam espanto. (IPEA/SIPS, 2014, p. 24)

Ora, se é preciso encontrar formas de estabelecermos comunicação global em termos de estudos de gênero, parece clara a necessidade de desenvolvermos formas de aproximar essas discussões da juventude e, em especial, em âmbito escolar. Nesse sentido, Weller (2012, p. 428) esclarece que os estudos de gênero e de juventude ainda são escassos e que até a metade da última década a *invisibilidade feminina* era bastante recorrente na educação e as ciências sociais em geral. A autora questiona a ausência de pesquisas sobre adolescentes e jovens do sexo feminino tanto nos estudos feministas como nos estudos de juventude.

Weller ainda debate a questão da discussão de gênero na escola e no ensino médio, dizendo que:

> Nessa fase, os/as jovens não estão apenas aprendendo matemática, geografia, física, entre outras disciplinas. Não é somente um saber externo, objetivo, sistemático, que importa nesse momento. É também um período de constituição de um saber sobre si, de busca de significados do ser homem e do ser mulher, de construção de identidade de gênero e sexual. (2012, p. 430)

Nesse contexto, Carvalho (2010), estudando a juventude feminina em uma escola de educação profissional integrada ao ensino médio, concluiu que a tabuização em torno das questões de gênero/sexualidade e o silenciamento das discussões podem ser causas das discriminações que as jovens estudantes sofrem no ambiente escolar. Contudo, o autor ainda refere que as dificuldades são advindas sobretudo da não formação dos docentes e gestores da escola em temas relativos a gênero e sexualidade no cotidiano escolar, havendo poucas iniciativas, portanto, de rompimento do silêncio nessa temática.

Corroborando com esse debate, Weller (2012, p. 432)

diz que:

> Romper com o silenciamento e ampliar a formação dos profissionais da educação no que diz respeito às questões de gênero e sexualidade pode contribuir significativamente para uma maior conscientização e minimização dos problemas advindos de uma sociedade machista, sexista e homofóbica, em que situações de discriminação são reforçadas, inclusive em ambientes em que deveriam combatê-las como a escola.

Louro aduz que "a escola é atravessada pelos gêneros" (2014, p. 89), em especial porque compreende que o gênero da escola é feminino, já que ela é um lugar primordialmente de ocupação das mulheres. São elas a maioria das professoras, as que organizam e desenvolvem a atividade escolar e que imprimem a marca de cuidado, afeto e vigilância, tradicionalmente tarefas femininas. Já o conhecimento, diz a autora, este é masculino uma vez que historicamente foi produzido pelos homens.

CONSIDERAÇÕES FINAIS

Este texto teve como objetivo discutir as questões que emergiram na pesquisa em que realizei junto às estudantes meninas do curso técnico em informática integrado ao ensino médio do IFFAR, campus São Borja, sobre identidade de gênero e sexualidade e sua relação com o Núcleo de Gênero e Diversidade Sexual (NUGEDIS) do campus.

Deste breve recorte de um estudo maior, pode-se apontar que há uma parcela significativa de estudantes que não são heterossexuais e que, destas, outro importante número afirmou já ter sofrido preconceito na escola. Assim, parece que mesmo com a forte atuação do NUGEDIS do campus, a heteronormatividade estrutura a escola o currículo, de forma que assume velada e silenciosamente um mecanismo de opressão em relação às meninas pesquisadas. Além disso, também de forma explícita houve ataques à Instituição e ao próprio Núcleo no ano de 2017 quando este literalmente levantou a bandeira da causa LGBTT.

Nesse sentido, parece clara ainda a necessidade de se desenvolver e manter políticas e ações que discutam as questões relacionadas à gênero e sexualidade na escola, não só com os estudantes, mas também com os professores e funcionários da escola.

REFERÊNCIAS

BEAUVOIR, Simone. **O segundo sexo.** Rio de Janeiro: Nova Fronteira, 2016.

BUTLER, Judith. **Problemas de gênero:** Feminismo e subversão da identidade. Rio de Janeiro: Civilização Brasileira, 2016.

CAETANO, Marcio. **Performatividades reguladas**: heteronormatividade, narrativas biográficas e educação. Curitiba: Appris, 2016.

CARVALHO, Nivaldo Moreira. **Ensino Médio Integrado, representações de gênero e perspectivas profissionais:** um estudo com jovens dos cursos de agropecuária e agroindústria em Guanambi/BA. Dissertação de mestrado. Universidade de Brasília, 2010.

COLLING, Ana Maria. **Tempos diferentes, discursos iguais:** a construção histórica do corpo feminino. Dourados-MS: Editora UFGD, 2014.

CONTO, Janete Maria de. **Representações sociais da mulher em situação de violência doméstica e familiar no contexto sócio-histórico de São Borja/RS**. Tese de doutorado. Programa de Pós-graduação em Letras. Universidade Federal de Santa Maria, 2012.

ESCOURA, Michele. Relações de gênero no currículo da EJA. In: **Jovens adultos em sala de aula:** Sujeitos e aprendizagens na EJA. 1. Ed. São Paulo: Ação Educativa, 2014.

FOUCAULT, M. **Vigiar e punir:** a história da violência nas prisões. 27. ed. Petrópolis: Vozes, 2003.

GARCIA, Carla Cristina. **Breve história do feminismo.** São Paulo: Claridade, 2015.

INSTITUTO FEDERAL DE EDUCAÇÃO, CIÊNCIA E TECNOLOGIA FARROUPILHA. **Plano de Desenvolvimento Institucional 2019-2026.** Santa Maria-RS, 2019. Disponível em https://www.iffarroupilha.edu.br/documentosiffar. Acesso em set 2019.

_____________. **Relatório do Núcleo de Gênero e Diversidade Sexual** (NUGEDIS) do campus São Borja, 2017.

_____________. **Resolução CONSUP 023/2016.** Altera a redação, reorganiza os títulos e inclui o Núcleo de Gênero e Diversidade Sexual na Resolução CONSUP 015/2014, que dispõe sobre as Ações Inclusivas da reitoria e dos campi do Instituto Federal de Educação, Ciência e Tecnologia Farroupilha. Santa Maria-RS, 2016.

_____________. **Instrução Normativa 03 de 02 de junho de 2015**. Dispõe sobre a utilização do nome social no âmbito do Instituto Federal de Educação, Ciência e Tecnologia Farroupilha – IF Farroupilha. Disponível em https://www.iffarroupilha.edu.br/component/k2/attachments/download/2026/e65f56a61cad212d7182551e08e1e488 Acesso em jul 2018.

INSTITUTO DE PESQUISA ECONÔMICA APLICADA. Sistema de Indicadores de Percepção Social. **Tolerância social à violência contra as mulheres**, 2014. Disponível em http://ipea.gov.br/portal/images/stories/PDFs/

SIPS/140327_sips_violencia_mulheres.pdf. Acesso em julho 2018.

KRAWCZAK, Kaoanne Wolf. SANTOS, Juliana Oliveira. Mais amor, por favor: o discurso de ódio nas redes e a consequente violência contra transexuais. **Anais do 40 Congresso Internacional de Direito e Contemporaneidade**: mídias e direitos da sociedade em rede. Disponível em http://www.ufsm.br/congressodireito/anais. Acesso em jun 2018.

LARA, Bruna de et al. **#MeuAmigoSecreto:** Feminismo além das redes. Rio de Janeiro: Edições de Janeiro, 2016.

LEITE, Ana Maria Alexandre. NUNES, Maria Fernanda Rezende. Juventudes e Inclusão Digital: reflexões sobre acesso e uso do computador e da internet pelos jovens . IN: Abramovay, Miriam et al (orgs). **Juventudes**: outros olhares sobre a diversidade. Brasília: Ministério da Educação, Secretaria de Educação Continuada, Alfabetização e Diversidade; Unesco 2007.

LINS, Beatriz Accioly et al. **Diferentes, não desiguais**: a questão de gênero na escola. São Paulo: Editora Reviravolta, 2016.

LOURO, Guacira Lopes. **Gênero, sexualidade e educação:** Uma perspectiva pós-estruturalista. Petrópolis: Vozes, 2014.

ROSA, Marcella. **Guia prático do feminismo**: como dialogar com um machista. Belo Horizonte-MG: Letramento, 2016.

SCOTT, Joan. Gênero: uma categoria útil de análise histórica. In: **Educação e Realidade**. Porto Alegre, n. 16 (2), jul.-dez. 1990.

WELLER, Wivian. Juventude e diversidade: articulando gênero, raça e sexualidade. In: DAYRELL ET. AL. (org). **Família, escola e juventude:** Olhares cruzados Brasil-Portugal. Belo Horizonte: Editora UFMG, 2012.

DIVERSIDADE É A SENTENÇA: UM OLHAR SOCIO JURÍDICO SOBRE O RECONHECIMENTO DE IDENTIDADES TRANS NO BRASIL

Rosângela Angelin[1]

Paulo Adroir Magalhães Martins[2]

1 Pós-Doutora pela Faculdades EST, São Leopoldo-RS (Brasil). Doutora em Direito pela Universidade de Osnabrueck (Alemanha). Docente do Programa de Pós-Graduação *stricto sensu* – Doutorado e Mestrado em Direito da Universidade Regional integrada do Alto Uruguai c das Missõcs (URI), Campus Santo Ângelo/RS e da Graduação de Direito dessa Instituição. Líder do Grupo de Pesquisa (CNPQ) *Direitos de Minorias, Movimentos Sociais e Políticas Públicas"*. Coordenadora do Projeto de Pesquisa *Direitos Humanos e Movimentos Sociais na Sociedade Multicultural* e do Projeto de Extensão *O lugar dos corpos das Mulheres na Sociedade* .Vice Líder do *Núcleo de Pesquisa de Gênero,* registrado no CNPQ e vinculado à Faculdades EST – Programa de Gênero e Religião. Integrante da Marcha Mundial de Mulheres. E-mail: rosangelaangelin@yahoo.com.br

2 Doutorando em Direito pelo Programa de Pós-Graduação *stricto sensu* – Doutorado e Mestrado em Direito da Universidade Regional integrada do Alto Uruguai e das Missões (URI), Campus Santo Ângelo/RS. Mestre em Direito pelo mesmo PPGD. Especialista em Gênero e Sexualidade. Bacharel em Ciências Jurídicas e Sociais pela Universidade Regional Integrada do Alto Uruguai e das Missões (URI), Campus de Erechim Projeto de Pesquisa (CNPQ) *Direitos de Minorias, Movimentos Sociais e Políticas Públicas,* do Projeto de Pesquisa *Movimentos Sociais na Sociedade Multicultural* e do Projeto de Extensão *O lugar dos corpos das Mulheres na Sociedade.* Integrante do *Núcleo de Pesquisa de Gênero,* registrado no CNPQ e vinculado à Faculdades EST – Programa de Gênero e Religião.
E-mail: paulo.adroir.martins@gmail.com

CONSIDERAÇÕES INICIAIS

Se cada ser é só um
E cada um com sua crença

Tudo é raro, nada é comum
Diversidade é a sentença.

Lenine

Na música *Diversidade,* o cantor e compositor brasileiro, Lenine, elucida a diferença como uma premissa tida como uma característica intrínseca a cada ser humano, que o faz diferente dos demais. Tal afirmação resulta de que *a diversidade é a sentença*! Porém, na vida social, a diversidade tem se apresentado, muitas vezes, como um problema. A forma de organização e convívio dos indivíduos depende da maneira como as relações com os *outros* são constituídas, influenciando diretamente na construção de sujeitos individuais e coletivos. Neste contexto de convivência humana acordos tácitos e/ou impostos foram sendo forjados, a fim de garantir uma ordem mínima do coletivo e, ao mesmo tempo, propiciar uma forma mais pacífica de convivência. Estas relações encontram-se em processo constante de (des)construção, sendo uma das características atuais e latentes, relações hierarquizadas de poder que apresentam um potencial elevado de reprodução de desigualdades e discriminação de parcelas da população.

Embora o Brasil possua, desde 1988, uma Constituição Federal, portadora de normas voltadas para o respeito à diversidade humana, comprometendo o Estado a se movimentar neste sentido, o que se encontra, na maioria das vezes, são ações estatais e civis que se opõe veementemente a isso, como no caso do reconhecimento de pessoas *trans* que, cotidianamente, sofrem violações de direitos por parte de órgãos do Estado e também da sociedade, assim como tem ocorrido com homossexuais, lésbicas, travestis, pansexuais e qualquer outra denominação envolvendo identidades sexuais que não seja a heteronormativa. Estes indivíduos se encontram a mercê de uma sociedade xenofóbica[3] que, na maioria das vezes, lhes nega espaço e direitos. A visibilidade de identidades *trans* só entrou no foco dos debates do Estado, quando estes reivindicaram, através dos movimentos de Lésbicas, Gays, Bissexuais e Transexuais (LGBT), o reconhecimento de suas identidades como seres humanos libertos do estigma de submissão, livres para decidirem sobre seus corpos e suas vidas, ao mesmo tempo em que buscam a implantação e/ou efetivação de direitos de cidadania.

A falta de reconhecimento das identidades *trans* e/ou o reconhecimento equivocado por parte da sociedade está embasada pela questão de fundo, tangente ao não enquadramento desses indivíduos nos padrões considerados *normais* na cultura vigente, o que tem repercutido em situações de extrema angústia e violência, tanto física, quanto psicológica contra este contingente de pessoas tidas como *anormais*. De forma alarmante, a Organização Não Governamental (ONG) *Transgender Europe*, anunciou o Brasil como o país com maior número de assassinatos de pessoas *trans*, representando

3 Nesse contexto, cabe elucidar que o termo "xenofobia" é utilizado como o medo do diferente e do desconhecido, conforme acepção de Zygmunt Bauman na obra *Amor Líquido: sobre a fragilidade dos laços humanos* (2004).

uma quantidade quatro vezes superior aos dados apresentados pelo México, o segundo colocado no *ranking* (BENTO, 2015). Obviamente, as questões do reconhecimento de identidades *trans* adentraram não somente a esfera social, como também de atuação do direito. Logo, questiona-se: qual o tipo de reconhecimento social e, em especial, do direito brasileiro, concedido às identidades *trans*?

Para refletir acerca do acima apresentado, a pesquisa utilizou-se do método de procedimento sócio-analítico, com levantamento bibliográfico e documental, para abordar, primeiramente, o processo de construção identitária com ênfase nos corpos e identidades *trans*, refletindo sobre aspectos sociais e culturais que geram o reconhecimento equivocado dessas identidades. Em seguida, a pesquisa se ocupa em discorrer acerca do tratamento concedido aos transexuais no sistema jurídico brasileiro, verificando quais as formas de reconhecimento presentes no Estado, bem como os seus direitos identitários conexos.

1 CONSIDERAÇÕES SOBRE IDENTIDADES *TRANS*

Abordar o tema *identidades* nos contextos sociais exige um olhar sobre a forma de como o indivíduo é reconhecido e tratado em sua interação com o *outro*. Corroborando com essa perspectiva, Charles Taylor, anuncia que as identidades são formadas pela existência ou inexistência do reconhecimento, que também pode se manifestar por um reconhecimento equivocado ou incorreto dos outros, prejudicando pessoas ou grupos sociais. Para ele, "o respeito devido não é um ato de gentileza para com os outros. É uma necessidade humana vital" (TAYLOR, 1994, p. 46). Por ser uma construção social, o reconhecimento das identidades dependem de como ocorrem às reações dialógicas com os outros, no espaço de convivência (TAYLOR, 1994).

As identidades são o produto da intersecção entre indivíduos e sociedade, bem como com outras culturas, envolvendo neste processo o discurso político e cultural, bem como a história particular de cada integrante do grupo (WOODWARD, 2000; HALL, 2014). Por conseguinte, as identidades são relacionais e marcadas pela *diferença*. Se a identidade é aquilo que a pessoa é, a diferença é aquilo que o *outro* é. E, para as pessoas se identificarem, é preciso a existência do *outro*.[4] O sociólogo jamaicano, Stuart Hall (2000), leciona que as identidades são construídas pela interação entre indivíduos, por meio do processo da diferença; logo, não se pode separar identidade e diferença. Contrariamente ao senso comum, o qual considera a diferença como um produto da identidade, na realidade, ambas são produtos linguísticos inter-relacionados, oriundos de criações culturais de uma sociedade (SILVA, 2000). Ambas estão sujeitas aos sistemas de significados nos quais obtém os seus sentidos. Assim, a

4 Nos estudos envolvendo identidade, se faz importante distinguir *identidade* de *identificação*. Enquanto *identidade* tem por objetivo buscar a autocompreensão do indivíduo no seio social, baseado em sistemas simbólicos de identificação (WOODWARD, 2000), o processo de *identificação* é caracterizado como cada indivíduo projeta a sua identidade na sua cultura, renunciando a parte de identidade individual na elaboração de uma identidade coletiva (HALL, 2014).

identidade nunca é oposta à diferença, mas sim, depende desta para existir. Entretanto, no momento em que os valores culturais e sociais estão inseridos em sistemas de significado, eles necessitam de um sistema classificatório de valores para obtenção de significados, fornecidos pelas culturas que vem a estabelecer fronteiras simbólicas que separam as identidades que estão incluídas no contexto social, das que se encontram excluídas e/ou invisibilizadas. Esse processo vem a determinar as identidades que são aceitas, ou não, pela cultura hegemônica, sendo forjadas, tanto simbólica quando socialmente. Woodward (2000, p. 49) chama a atenção para o fato de que diferença pode carregar em si aspectos de marginalização e/ou exclusão do *outro,* ou, então, pode "ser celebrada como fonte de diversidade, heterogeneidade e hibridismo, sendo vista como enriquecedora".

A classificação simbólica da abrangência do significado de uma identidade está relacionada à ordem social e as relações de poder dentro deste espaço. Então, "O sujeito é produzido 'como um' efeito do discurso e no discurso, no interior de formações discursivas específicas, não tendo qualquer existência própria" (HALL, 2000, p. 119-120). Para Laclau, "A constituição de uma identidade social é um ato de poder, pois se uma identidade consegue se afirmar é apenas por meio da repressão daquilo que se ameaça" (LACLAU *apud* HALL, 2000, p. 110).[5] A existência da identidade depende das diferenças e,

5 Corroborando sobre o enfoque discutido, Silva afirma: "A identidade e a diferença estão, pois, em estreita conexão com relações de poder. O poder de definir a identidade e de marcar a diferença não poder ser separado das relações mais amplas de poder. A identidade e a diferença, nunca são inocentes. Podemos dizer que onde existe diferenciação – ou seja, identidade e diferença – aí está presente o poder. A diferenciação é o processo central pelo

ao mesmo tempo em que alguém *diz quem é*, está também afirmando *quem não é*, demarcando fronteiras e, também podendo excluir e/ou incluir outras pessoas, o que denota uma clara relação de poder quando se classifica e hierarquiza quem somos *nós* e quem são *eles*, polarizando as relações (SILVA, 2000, p. 82-83).

Embora, por muitas vezes se queira criar identidades fixas, por serem construções sociais, elas são cambiantes de mutáveis. Atualmente as identidades assumem uma característica multifacetada. Cada indivíduo possui diversas características que compõe sua identidade, ou seja, características profissionais, estatais, de classe, sexual, consciente, inconsciente e privada (RESTA, 2014). No decorrer do presente estudo, expor-se-á as nuances de um segmento social, as pessoas *trans*, cuja distinção identitária ocorre por características sexuais. A emergência de novas identidades no tocante ao aspecto sexual identitário é causada por um processo histórico de reivindicações por reconhecimento de diferentes grupos, sendo que estas ocorrem por enfrentamentos não somente culturais, mas também jurídicos. A sexualidade humana é parte essencial e integrante da personalidade das pessoas e de sua identidade. Assim, teoricamente, qualquer pessoa possui o direito de exercê-la livremente, sendo garantida tal liberdade, com base no texto da Declaração Universal dos Direitos Humanos.

A abordagem sobre identidade e sexualidade envolve

---

qual a identidade e a diferença são produzidas. [...] São outras marcas da presença do poder: incluir/excluir ('estes pertencem, aqueles não'); de marcar fronteiras ('nós' e 'eles'); classificar ('bons e maus'; 'puros e impuros'); [...]; normalizar ('nós somos normais; eles são anormais')" (SILVA, 200, p. 81-82).

um elemento importante a ser ponderado: os corpos das pessoas. Para Michel Foucault (2015, p. 65), o corpo humano é a “superfície de inscrições dos acontecimentos”, ou seja, é através do corpo que se manifestam as identidades, em especial a identidade sexual e, também é através do corpo que se dão infindáveis possibilidades de relações entre os seres humanos. Ao contrário do que as ciências naturais tentam impor sobre os indivíduos, o corpo não é um produto finalizado, pronto e dado pela natureza biológica. Sob uma óbice foucaultiana, o sociólogo francês, David Le Breton (2011, p. 10), enfatiza que o corpo é fruto da trajetória pessoal do indivíduo em um contexto sociocultural, remetendo, então, o corpo à historicidade do indivíduo no espaço individual e coletivo. O direito à livre manifestação da característica sexual identitária constitui-se como um direito fundamental, geralmente presentes nos Estados Democráticos de Direito, pois a negação de tal preceito seria uma restrição ao direito à personalidade e à intimidade da vida privada de cada indivíduo. A Sexologia Médico-legal aponta para o fato de que a característica sexual da identidade de uma pessoa é determinada por quatro fatores: genético, endócrino, morfológico e psicológico. Por isso, de acordo com Odon Ramos Maranhão, o conceito de sexo precisa ser analisado e refletido a partir de um contexto plurivetorial (MARANHÃO, 1995, p. 127). Por isso, as categorias sexo e, consequentemente, identidade de gênero são resultante de diversos fatores que agem de forma concorrente nos planos físico, psicológico e social.

As pessoas *trans* se deparam com dificuldades de reconhecimento de suas identidades de gênero frente ao senso comum que considera somente fatores biológicos e não o resultado de diversos vetores que ultrapassam a forma física humana. Inicialmente, é importante trazer presente a distinção entre transexuais, travestis, homossexuais e lésbicas: as pessoas *trans* possuem uma a aversão psicológica, em caráter continuado ao próprio sexo, justificando, sob o ponto de vista médico, a possibilidade de realização de tratamento de redesignação sexual, objetivando assegurar a sua integridade psíquica e física (evitando, inclusive, atentados a sua própria vida); ao passo que os travestis obtém o prazer da segurança identitária ao alterar sua aparência física para aquela do sexo oposto, com o recurso de roupas e adereços; já as pessoas homossexuais e lésbicas caracterizam-se por manter relações sexuais com pessoas do mesmo gênero, aceitando, tranquilamente, suas características corporais e tendo como característica identitária sexual o fato de que o seu órgão genital é sua fonte de prazer, e não lhe causa de constrangimento.

As considerações biomédicas a respeito da transexualidade apontam para a criação de uma identidade transexual única, denotando que o *verdadeiro transexual*, sob a óbice das ciências da saúde, na concepção do sexólogo alemão Harry Benjamin (1999, p. 11), se apresenta como um ser humano em desconformidade com o seu corpo, em razão das características sexuais primárias e secundárias, devendo manter-se assexuado até o final da redesignação sexual, para somente depois deste procedimento, relacionar-se intimamente apenas com os indivíduos que sejam do sexo oposto à sua nova realidade. Em outras, palavras toda pessoa *trans* deveria ser heterossexual, situação essa que se torna um dos mecanismos de reprodução da heteronormatividade.

O posicionamento acima mencionado evidencia a tentativa de se fixar um tipo de identidade *trans*, ao mesmo tempo em que demonstra que as sexualidades são controladas pelos sistemas sociais. É preciso destacar que a identidade *trans* ainda é reconhecida sob a perspectiva patológica, inclusive no campo acadêmico. Isso remonta ao uso do sufixo "*ismo*", o qual denota doença, ao se referir aos transexuais não pelas expressões identitárias da transexualidade, mas como a doença que deve ser tratada. Sob a perspectiva patológica, o *transexualismo* integra a décima versão do Cadastro Internacional das Doenças (CID-10) nó código F 64.0, como parte da categoria dos transtornos mentais, existindo, inclusive as diretrizes para seu diagnóstico, sendo que, também, faz parte da quinta edição do Manual de Diagnóstico e Estatística da Associação Americana de Psiquiatria recebendo a nomenclatura de *disforia de gênero* (BENTO, 2006, p. 40)

A determinação jurídica do *sexo,* como expressão de identidade sexual, constante nos documentos do Registro Civil, evidencia a predominância jurídico-cultural do sexo biológico sobre o psíquico, já que tal depende da declaração dos pais em relação ao sexo morfológico da criança. Geralmente, os indivíduos apresentam o sexo psicológico como reflexo do sexo biológico e havendo sincronismo entre ambos, a identidade de gênero dessa pessoa será condizente com o seu gênero. Tal situação não ocorre com a realidade das pessoas *trans*, as quais apresentam repúdio às suas características sexuais morfológicas, ocasionando grande sofrimento em razão da discordância entre sua aparência e seu estado psíquico. A socióloga Berenice Bento (2008), cujos estudos são referência para a temática de gênero e transexualidade no campo das ciências sociais, afirma que a transexualidade é uma experiência identitária de enorme conflito com as normas de gênero vigentes, oriundas do pensamento centrado-lógico, em que o gênero refletiria o sexo, moldando a sexualidade a partir de disposições supostamente naturais.[6]

A expressão da identidade sexual, como já abordado, é medida a partir de significados culturais a respeito de categorias como gênero e sexualidade, produzidos pelo sistema dominante de representação heterossexual, que constrange e hostiliza as identidades que não se adéquam aos seus padrões vigentes. A maneira como é constituída a identidade sexual de cada indivíduo envolve uma conexão entre práticas discursivas específicas à cultura de uma sociedade, bem como significados que estas dão às expressões sexuais e a autorregulação normativa do sujeito. Entre os aspectos culturais que influenciam esses discursos e práticas, encontram-se as normas jurídicas, onde as relações de poder ficam evidentes, permitindo, ou não, o livre exercício do direito identitário, dependendo dos valores culturais que foram positivados (WOODWARD, 2000; HALL, 2000; BUTLER, 2000).

A política de identidade de grupos marginalizados em razão da expressão identitária sexual, envolve constante

---

6 Como um espaço de vivências, o corpo é tido como o local de julgamento do que supostamente os sujeitos são ou podem vir a ser. Com isso, existe a tentativa de limitação do comportamento, a partir do que se julga adequado para cada corpo, em especial, quando se trata de identidade sexual, sabendo-se, desde já, que eles podem ser ressignificados pela cultura que também os significou (LORO, 2013, p. 14). Não se pode olvidar que, o exercício do poder na determinação dos espaços e ações dos corpos está constantemente presente através de práticas disciplinares cotidianas, produzindo corpos moldados que se comportam de maneiras diferenciadas na sociedade (FOUCAULT, 2011).

luta pelo reconhecimento de significados de suas identidades, enquanto contesta a taxação estereotipada imposta pela normatividade (WOODWARD, 2000). Isso demonstra a política de movimentos sociais que se erguem sob a bandeira da pauta de direitos de homossexuais, transexuais, travestis, assexuais e intersexuais na reivindicação do direito de construir e assumir a responsabilidade de suas próprias identidades. Na teoria cultural contemporânea, ao analisar-se o caráter cultural e construído do gênero e da sexualidade, desestabilizam-se as oposições binárias de fixação identitária sexual (SILVA 2000), superando, assim, as limitações da heteronormatividade no reconhecimento das expressões da identidade de gênero. A identidade de gênero independe da orientação sexual (CASARES, 2012, p. 49). A pessoa sentir atração por outra é um dado que não pode ser qualificado para definir seu sentimento de pertença a um gênero. A transexualidade e a homossexualidade por si e separadas, enquanto expressões identitárias, são vistas como transgressões evidentes das normas de gênero na sociedade. Logo, quem constrói sua sexualidade através de uma identidade de gênero e uma orientação do desejo sexual que não são partes do modelo dominante, transgride duplamente as normas culturais e, portanto, é duas vezes mais invisibilizado. O esteriótipo *homem heterossexual preso no corpo de mulher* ou *mulher heterossexual presa no corpo de homem*, não conseguiu contemplar todos os envolvidos no estudo feito por Bento. A autora se surpreendeu com a vida sexual ativa que tinham as pessoas transexuais não-operadas, sendo que alguns e algumas manifestavam seu desejo de não passar por redesignação cirúrgica da genitália. Diante disso, é preciso desconstruir o ideal universalizante da identidade *trans* heterossexual no pós-operatório e, assexuado antes e durante a redesignação sexual (BENTO, 2006, p. 157-160).

A própria construção das identidades de gênero, na ordem simbólica de significados, remonta ao privilégio, tanto da masculinidade sobre a feminilidade, quanto da primazia da heterossexualidade sobre as outras formas de orientação afetivo-sexual. Conforme a abordagem de Tomaz Tadeu da Silva (2000) sobre o entendimento da teoria cultural contemporânea e do significado identitário sexual, resta demonstrado que a relação dos sistemas de representação e a identidade de gênero enquadram-se como uma situação que merece abordagem não apenas no campo social e jurídico, mas também no âmbito político, em razão das políticas públicas afirmativas que buscam acabar com estigmas sociais.

Quando no meio social, a identidade está intimamente relacionada com os valores dominantes na sociedade e, quando esses valores não permitem a inclusão do diferente, vê-se a defasagem no exercício da identidade social e de seus direitos conexos (RESTA, 2014), situação cotidiana aos transexuais, os quais são tidos como grupos marginalizados, e pior, tratados como párias, sendo muitas vezes excluídos do convívio junto aos demais grupos sociais, apresentando grandes dificuldades de inclusão. O exercício do direito identitário acontece quando reúnem-se todos os elementos distintivos que o compõe, assegurando ao indivíduo o *status* de integrante da coletividade no meio social. Para Davis Le Breton (2011, p. 11), "Cambiando su cuerpo, el individuo desea cambiar algo de su existência. Es decir, rehacer su sentimento de identidade, encontrar outro ángulo de su relación com el mundo", e essa é a realidade das pessoas *trans*, que tanto o Estado, quanto a maioria das pessoas não respeita. O tema envolvendo o direito ao livre exercício das identidades sexuais, por si só, é de grande controvérsia entre juristas e doutrinadores brasileiros. Percorrendo a abordagem desenvolvida por Maria Helena Diniz (2001, p. 225), "A identidade sexual é um princípio constitucional atinente ao direito da personalidade". Diante do exposto, o trabalho pretende abordar o alcance e desafios do reconhecimento das identidades transexuais.

2 RECONHECIMENTO JURÍDICO DE IDENTIDADES *TRANS* NO BRASIL

A formação das identidades a partir das experiências corporais vividas em determinado contexto, tanto público, quanto privado sofrem influências de estruturas sociais, religiosas, biológicas, históricas, culturais, bem como de relações de poder e hierarquias que acabam produzindo uma realidade voltada para padrões sociais e normas a serem cumpridos (GIERUS, 2006, p. 45). Tais relações podem fazer parte de concordâncias objetivas, quanto de aspectos cognitivos, os quais tornam possível a dominação e as formas mais variadas de exclusão e opressão. Para que uma pessoa possa viver plenamente na sociedade, ela precisa de reconhecimento. Neste sentido, o filósofo alemão Axel Honneth aborda a perspectiva do reconhecimento identitário como uma forma de inclusão das pessoas no âmbito social. Ele parte da abordagem de que, o fato de pessoas terem negado, violado ou limitado algum direito faz com que surja um conflito e, a partir disso, elas busquem o reconhecimento perante a sociedade e o Estado. Para o autor, a luta pelo reconhecimento possui três dimensões que podem contribuir para a evolução moral do indivíduo, estabelecendo padrões de reconhecimento intersubjetivo: a) o amor, representado por ligações emotivas entre as pessoas; b) o Direito, que regulamenta as relações entre as pessoas e faz com que se reconheçam como portadoras de direito e obrigações e, c) a solidariedade, que representa a interação social, importante para a convivência social (HONNHET, 2003).

Honneth acredita que a luta pela dignidade humana e a diversidade cultural são o centro do debate pelo reconhecimento e, esse se forja através do reconhecimento recíproco, ou seja, é preciso que o outro/a reconheça esta pessoa ou este grupo. O outro, neste contexto, seriam terceiros e o próprio Estado. O autor descreve a teoria do reconhecimento como sendo "as lutas moralmente motivadas de grupos sociais, sua tentativa coletiva de estabelecer institucionalmente e culturalmente formas ampliadas de reconhecimento recíproco, aquilo por meio do qual vem a se realizar a transformação normativamente gerida das sociedades" (HONNETH, 2003, p. 156). Diante disso, uma pergunta paira: Mas e se o outro/a não estiver disposto a reconhecer estas pessoas? Essa realidade é o que vem ocorrendo no contexto das lutas LGBTs e, no caso específico deste estudo, as pessoas *trans*.

A negação do reconhecimento ou o reconhecimento equivocado de identidades se embasa, em especial, pela cultura ocidental propagadora de uma visão racional centrada de mundo, que permeia o cotidiano social. Noli Bernardo Hahn e Rosângela Angelin abordam este tema enfatizando que a racionalidade centrada, baseada em ideias binárias e naturalizadas, provoca discriminação e construção equivocada de identidades, prejudicando a diversidade: "As consequências práticas dessa estrutura mental vêm a ser a destruição e anulação de pluralidades, diversidades e diferenças [...]. Diante disso, percebe-se que, na atualidade, para pensar e viabilizar a equidade nas relações de gênero, a racionalidade centrada não serve" (HAHN; ANGELIN, 2015, p. 69), remetendo a necessidade de se criar uma lógica de pensamento descentrada e paradoxal, que contribua para a construção de direitos humanos voltados para a diversidade e a inclusão de todas as pessoas no seio social. Porém, o cenário mundial e, especificamente o brasileiro, se desenvolve em uma lógica de racionalidade centrada, abrangendo não somente a sociedade civil, como grande parte dos órgãos do Estado de Direito, prejudicando o reconhecimento de minorias, como o caso das pessoas *trans*. Jürgen Habermas (2002), ao se manifestar a respeito da teoria dos direitos e de sua aplicação nos Estados democráticos, pondera sobre as diferenças e a necessidade do Estado nunca ignoraria as diferenças e as diversidades culturais, o que remete a criação de leis e políticas de reconhecimento que preservem a integridade das pessoas, inclusive no exercício íntimo de sua identidade sexual.

No sistema jurídico brasileiro, há previsão ao respeito às manifestações identitárias, entretanto não há previsão expressa legislativa quanto ao respeito às expressões de identidades sexuais fora da heteronormatividade. Atualmente, a maneira como o Estado brasileiro reconhece as manifestações das identidades *trans* e, por conseguinte, garante o acesso a direitos identitários básicos não se dá através de normas legislativas, salvo exceções, mas através de decisões jurídicas do Poder Judiciário. Nelas se requer a proteção de direitos, invocando, para isso, o embasamento principiológico da Constituição Federal de 1988 que, em seu artigo 3º, inciso IV prevê a proibição de qualquer tipo de discriminação, entre elas, a discriminação por sexo, bem como outras legislações que serão abordadas, a seguir.

A falta do devido reconhecimento às pessoas *trans* repercute em violações de seus direitos identitários. Como já anunciado nas considerações iniciais deste trabalho, o Brasil é o país com o maior número de mortes de transexuais no mundo (BENTO, 2015), paradoxalmente, tem sido o país que mais acessa pornografia de pessoas transexuais e travestis, segundo dados de acesso do site *Redtube* (GERMANO, 2016). Outra informação alarmante envolve aspectos econômicos da vida das pessoas *trans*. Segundo dados fornecidos pela Associação Nacional de Travestis e Transexuais (ANTRA), cerca de 90% da população *trans* encontra-se no mercado da prostituição, principalmente em razão de discriminações que sofrem no mercado de trabalho convencional, por conta de sua condição identitária (OTONI, 2014). A privação de direitos humanos e reconhecimento têm gerado situações de extrema violência contra seus corpos e, por conseguinte, contra suas identidades. Na acepção do filósofo italiano Paul Gilbert (2010) a violência é fruto do reconhecimento equivocado de identidades por outros indivíduos e coletividades nas relações de poder que permeiam o meio social.

Posicionamentos como o Decreto número 8.727, de 28 de abril de 2016, o qual dispõe sobre o uso do nome social por transexuais e travestis no âmbito da administração pública federal direta, autárquica e fundacional (BRASIL, 2016a), são formas de devido reconhecimento à autonomia corporal das pessoas *trans*. Esta normativa é fruto de uma assimilação pelo Poder Executivo de parte das demandas desse público, promovendo uma tentativa de respeito à diversidade sexual esteja presente nas ações estatais. Estas ações demonstram o reconhecimento do Estado, através Poder Executivo, às identidades das pessoas transexuais.[7] Entretanto, o Decreto 8.727/2016 está sendo alvo do Projeto de Decreto Legislativo de Sustação de Atos Normativos do Poder Executivo (PDC) 395/2016, de autoria do Deputado Federal João Campos e outros 26 membros da Frente Parlamentar Evangélica (BRASIL, 2016b). Apesar de não ser utilizar de um discurso religioso

---

7 Anterior a isso, o Estado do Rio Grande do Sul, através do Decreto 48.118 de 2011, possibilitou a inclusão e uso do nome social de travestis e transexuais nos registros estaduais relativos a serviços públicos prestados no âmbito do Poder Executivo Estadual (RIO GRANDE DO SUL, 2011), garantindo respeito, reconhecimento, e uma maior integração dos transexuais. A eficácia deste decreto foi garantida pelo Decreto 49.112 de 2012, que instituiu a Carteira de Nome Social para os travestis e transexuais no Estado do Rio Grande do Sul. No referido documento "consta tanto o prenome com o qual o indivíduo efetivamente se identifica, como também dados como o seu Registro Geral (RG), a fim de que seja possível efetuar-se uma conexão entre a denominação social e civil". A Carteira de Nome Social, mesmo sendo uma medida que auxilia o tratamento, reconhecimento e respeito dos transexuais, não finaliza a problemática frente ao tratamento de sua identidade no meio social, pois meramente garante o seu tratamento nominal em órgãos do executivo estadual do Rio Grande do Sul, uma vez que tal documento não tem o valor substitutivo da carteira de identidade. A necessidade dessa dupla apresentação de documentos demonstra a contradição entre a busca de se ter o tratamento pelo nome devido ao transexual somente quando se verificar, também, a existência de sua condição anterior, provocando assim uma violência simbólica (AGUINSKY; FERREIRA; RODRIGUES, 2014) em que, o processo de reconhecimento se torna ineficaz.

discriminatório na fundamentação do PDC mencionado, está implícita a tentativa de controlar os corpos transexuais e travestis e minar a autonomia de seus direitos, uma vez que essa ação legislativa é proposta por um número expressivo de membros de Frente Parlamentar Evangélica, os quais deflagram publicamente discursos discriminatórios, pautados na sua perspectiva religiosa fundamentalista e essencializadora.[8]

Outra forma de assegurar o exercício de identitário dos direitos inerentes às pessoas *trans*, implica na adequação de sua documentação e do registo público a sua expressão identitária sexual. Logo, é imperativa a alteração de duas informações para evitar o tratamento vexatório: o prenome e o sexo. Ressalvadas as exceções descritas no artigo 57 da Lei 6.015/1973 (BRASIL, 1973), o prenome, em princípio, é imutável, enquanto que o sexo, considerado um complexo de fatores inatos ao corpo do indivíduo, não pode ser modificado por meras alterações aparentes, portanto, impassível de mudança no assentamento. Esses entendimentos não fazem jus a garantia da "[...] dignidade humana, da qual se desprendem todos os direitos que protegem e viabilizam a expansão da individualidade física e psíquica inerente a qualquer ser humano" (GARCIA,

8 Neste contexto, é importante não relativizar todas as religiões cristãs, muito menos afirmar que mesmo dentro delas não existam segmentos contrários a esses pensamentos. Embora muitas religiões cristãs se esforcem para superar o preconceito acerca da diversidade das sexualidades, aquelas seguem produzindo diretrizes que condenam esta, como pode ser encontrado no documento da XIV Assembleia Geral Ordinária do Sínodo dos Bispos católicos, produzido em 2014. Neste documento que trata sobre "A Vocação e a Missão da família na igreja e no mundo contemporâneo", transparece com clareza a indicação de tratar com respeito as pessoas que tenham tendência à homossexualidade. Porém, o mesmo documento assevera em um trecho, o seguinte: "A cura pastoral das pessoas com tendência homossexual levanta hoje novos desafios, devidos também à maneira como são socialmente propostos os seus direitos" (SÍNODO DOS BISPOS, 2015, p. 22).

2010, p. 62). A impossibilidade de alteração do prenome é considerada relativa face à sistemática legal brasileira, pois a Lei dos Registros Públicos prevê exceções. O artigo 58, da Lei 6.015/1973 (BRASIL, 1973), explicita a possibilidade de alterar o prenome por apelido público notório, ou ainda, o artigo 56 dessa mesma lei que prevê a possibilidade de mudança de nome pelo interessado, em até um ano após a maioridade, junto ao oficial notário, sem a necessidade de um processo judicial. Ao iniciar o tratamento de redesignação sexual, a pessoa *trans* debuta uma nova fase de sua trajetória identitária, necessitando, portanto, de que seja individualizada, novamente, perante si e seus semelhantes. A partir de uma leitura baseada nos preceitos constitucionais da não discriminação por sexo, o embasamento do artigo 55, § único, da Lei 6.015 de 1973 (BRASIL, 1973) pode ser utilizado para assegurar o direito à retificação registral do nome do transexual, pois este alude à alteração do nome diante de "prenomes suscetíveis de expor ao ridículo os seus portadores" e, como o indivíduo transexual apresenta as características sexuais aparentes de seu sexo psíquico, se torna visível o vexame a que estará exposto com o nome que não corresponde a sua nova aparência. A avaliação desse requisito é referente a potencialidade do ridículo do nome, a qual é óbvia ao constranger um indivíduo que será tratado por uma nomenclatura que não corresponde a sua aparência. Porém, nem sempre interpretações como essa ocorrem.

Para Luiz Alberto David Araújo (*apud* ROMANO, 2009, p. 124), "Um estado democrático deve atentar para multiplicidade de vontades, tendências e individualismo presentes em seu seio", enquanto a igualdade garante que todas as condutas autorizadas pelo princípio da liberdade recebam o mesmo tratamento da lei. Assim, é incoerente que seja inserida a expressão *transexual* junto aos assentos civis dos indivíduos transexuais que solicitaram a retificação registral. Não se pode constranger ou agredir ainda mais um indivíduo taxando-o, também, no registro público. Ademais, é necessário verificar se a intervenção cirúrgica de correção de genitália é requisito fundamental ou não para a alteração do sexo registral. A verdade registral incorreria em erro ao desconsiderar que o sujeito *trans* apresenta uma evidente contradição entre anatomia de sua genitália e os aspectos psíquicos identitários, não retratando, assim, a sua verdadeira identidade sexual, pois nem todos os transexuais querem realizar a referida cirurgia. Portanto, deve prevalecer a autoafirmação do indivíduo, que no caso brasileiro, necessariamente deve ser amparada por laudo médico, fundamentando-se as decisões de alteração do registro sem a prévia realização da cirurgia corretiva de genitália. sem a necessidade de intervenção cirúrgica íntima (HOGEMANN; CARVALHO, 2011).[9]

No Brasil há uma nova corrente nas decisões jurisdicionais que não requer esse tipo patologização identitária para assegurar direitos às pessoas *trans*, o que demonstra um reconhecimento inequívoco dessas pessoas enquanto seres humanos portares de uma dignidade. Em razão do grande número de decisões autorizando a retificação dos dados registrais

---

9 A coexistência entre informações preexistentes e as novas informações do registro público do transexual pode vir a gerar uma violência simbólica maior do que aquela que se tentou combater, sendo que a simples supressão daquelas apresentaria dificuldades: exprimir-se-ia uma situação que surgiu em momento posterior ao nascimento, após o tratamento de redesignação sexual e, comprometeria a segurança jurídica e a legítima confiança que a sociedade deposita no registro público.

sem a necessidade dessa cirurgia, a Procuradoria Geral da República ajuizou Ação Direta de Inconstitucionalidade (ADI n. 4275) objetivando o reconhecimento do direito identitário dos transexuais. De acordo com o julgamento realizado no dia 01º de março de 2018, ficou resguardado o direito de pessoa *trans* retificarem seu registro civil sem a necessidade de cirurgia de redesignação sexual, de laudo psiquiátrico ou mesmo de um processo judicial. A decisão é um marco no reconhecimento da liberdade e da autonomia das identidades sexuais, em especial a de pessoas *trans*. Porém houve disparidade na definição do procedimento dessa retificação registral pelos Tribunais de Justiça na implementação dos efeitos da decisão da ADI n. 4275 nos Cartórios de Registro, o que levou o Conselho Nacional de Justiça a emitir, em 28 de junho de 2018, o Provimento 73 para equiparar o processo em todo o Brasil.

Enquanto o Estado, através da figura do legislador, não elaborar leis qualificadas para acompanhar as demandas resultantes das transformações sociais e emergência de novas manifestações da identidade humana, torna-se necessário que a doutrina e a jurisprudência assegurem aos indivíduos, em específico às pessoas *trans*, uma leitura integrativa dos direitos que pleitearem em juízo. Nesse sentido, Maria Berenice Dias (*apud* MACHADO, 2011, p. 76) chama a atenção para a necessidade de adequação do Direito à realidade social: "Afinal, o Direito é altamente mutável, já que deve estar em conformidade com a realidade social e não deve ficar enraizado na literalidade da lei".

O cerne dos debates acerca das demandas identitárias e de seus direitos conexos no Poder Judiciário brasileiro ocorre em razão da lacuna da lei em razão a temática, situação que acaba por deixar as decisões inteiramente a mercê do livre poder decisório de magistrados e magistradas, os quais nem sempre pautam as suas decisões numa interpretação dos direitos humanos baseados no tratamento das diferenças e a partir dos princípios constitucionais. Segundo a Lei de Introdução às Normas de Direito Brasileiro (LINDB), na omissão da lei, os julgadores devem decidir com base na analogia, costumes e princípios gerais de direito, sendo assegurado o livre convencimento do juiz, o que nada mais é do que um eufemismo da arbitrariedade de juízo. É claro, que essas decisões são carregadas de uma subjetividade dos julgadores e julgadoras, nos quais seus pré-conceitos acerca de identidades virtuais gerais sobre a temática, irão influenciar suas decisões, seja numa perspectiva de respeito à diversidade ou na perpetuação de um discurso essencialista e discriminatório.

Através de uma consistente evolução argumentativa sobre a temática das identidades *trans*, o entendimento jurisprudencial consolidou-se na percepção de que as condições de cidadania das pessoas não são elementos indisponíveis, assegurando, assim, os direitos identitários de pessoas *trans*, garantindo acesso a diversos direitos, como a retificação do registro civil e intervenções cirúrgicas fornecidas, gratuitamente, pelo Estado. Nestes casos, o direito reconhece a identidade sexual como elemento do livre desenvolvimento de cada indivíduo e uma manifestação atinente aos direitos de personalidade (DIAS, 2014). A situação dos direitos das pessoas *trans*, na acepção de Berenice Bento (2017), perpassa por numa espécie de *gambiarra jurídica*, uma vez que, para gozarem de direitos, como a redesignação sexual e/ou tratamento hormonal, elas necessitam se apresentar como portadoras de uma patologia, confirmada por laudos psiquiátricos e/ou psicológicos. Por conseguinte, esse tipo de reconhecimento jurídico de identidades *trans* como uma patologia reforça a ideia reconhecimento equivocado, o que por si já os classifica como cidadãos e cidadãs de *segunda categoria*, ou detentores de uma *cidadania precária*.

Charles Taylor corrobora com o debate ao ponderar que o não reconhecimento político e social dos indivíduos e das coletividades, a partir do devido tratamento de suas identidades pautadas nas diferenças, implica em extrema violação dos direitos humanos, em razão das repercussões negativas que afetam a vida das pessoas. Esta forma de reconhecimento equivocado desclassifica e estigmatiza os sujeitos, bem como segrega os diferentes no meio social: "[...] o reconhecimento incorreto não implica só uma falta de respeito devido. Pode também marcar suas vítimas de forma cruel, subjugando-as através de um sentimento incapacitante de ódio contra elas mesmas. Por isso, o respeito devido não é um acto de gentileza para com os outros. É uma necessidade humana vital" (TAYLOR, 1994, p. 46).

A efetivação da inclusão de pessoas *trans* no meio social depende não apenas de normas, mas também de meios para efetivá-las, como políticas públicas de ação transformadora (MATTOS, 2004), as quais em falta geram grandes demandas da intervenção do Poder Judiciário para assegurar os direitos identitários dos transexuais (SANCHES, 2011). A respeito das políticas públicas de ação transformadora, pode-se incluir a possibilidade de transexuais e travestis utilizarem seu nome social para a realização da prova do ENEM, elemento que por si aumenta a cada ano o número de pessoas *trans* que prestam o exame, apesar de que corriqueiramente são relatados casos de falta de tratamento pelos examinadores nos locais de prova (BENTO, 2015).

É notória a dificuldade de se debater o reconhecimento de sexualidades diferentes da heteronormatividade binária dentro do espaço social, bem como onde são criadas leis e normas para a sociedade. Na acepção do jurista brasileiro Roger Raupp Rios (2007), as sexualidades não merecem uma abordagem enquanto situações que necessitam de disciplina ética ou de intervenções terapêuticas. Para o autor, as sexualidades devem ser abordadas como questões atreladas aos princípios fundamentais dos direitos humanos, num contexto social-democrático, perpassando pelos conhecimentos, experiências e vivências das pessoas, bem como estar no debate de todas as áreas do conhecimento. A abordagem jurídica e social deve ser pautada no respeito a essência humana e não na visão essencialista, biologizante e religiosa que geralmente está impregnada discurso legislativo e jurídico. Rios defende a proteção dos direitos sexuais sob o resguardo dos direitos humanos, no que ele denomina de direito democrático sexual. Isso nada mais é do que a construção de uma abordagem das sexualidades pelo Direito, considerando a inter-relação destas com a democracia, a cidadania, os direitos sexuais e os direitos humanos. Essa abordagem remete a exigência de que o corpo sexuado humano seja elevado a um *status* jurídico de sujeito de direitos e não meramente um objeto necessário de interferência médica, aqui ressaltando-se o caso de transexuais. Destaca-se que, apesar de parcas aprovações de normas no âmbito interacional e brasileiro, em razão principalmente da difusão de discursos sobre direitos sexuais e reprodutivos, a legislação protetiva da autonomia corporal e liberdade de exercício das sexualidades estão distantes de domínios importantes ou tem sua efetivação comprometida.

CONSIDERAÇÕES FINAIS

El único deber humano es 'ser feliz'...
la condición de cumplimiento de dicho deber estriba en que
las condiciones de vida del sujeto lo hagan posible.
Eugenio Trías

Ao finalizar este breve trabalho que lançou como ponto de partida a afirmação *Diversidade é a sentença,* envolvendo a abordagem social e jurídica das identidades *trans* no Brasil, pode-se afirmar que *ser diferente é normal.* O que não é normal são as desigualdades e as discriminações geradas a partir das diferenças e do não reconhecimento ou reconhecimento equivocado de grupos sociais. O Brasil, enquanto um Estado Democrático de Direito, deve prestigiar, entre diversos princípios, o respeito ao pluralismo e a diversidade, preceitos esses já previstos no texto constitucional, e capazes de embasar e justificar ações estatais criando condições para o cumprimento de uma das mais caras expectativas do ser humano: ser feliz! O papel do Estado, instrumentalizado pelo direito, é de promover a coexistência e a convivência das diferentes manifestações de identidades pessoais dos indivíduos. Logo, as sexualidades precisam ser analisadas sob a ótica da diversidade. Enquanto mediador da vida social e responsável pela segurança e promoção da dignidade humana, cabe o Estado, ouvindo as partes interessadas, reconhecer e garantir a condição das identidades *trans*, conferindo-lhe, quando necessário, tratamento jurídico especial para assegurar o igual tratamento social.

Outrossim, as condições de transgeneridades necessitam ser abordadas pelos legisladores, garantindo um dois dos princípios fundamentais dos Estados democráticos: a liberdade e a igualdade. A atual omissão legislativa, acompanhada por tentativas transfóbicas de reconhecimento identitário equivocado de pessoas *trans*, demonstram que os apelos deste público pelo devido reconhecimento de suas identidades, seguidos por direitos humanos básicos, ainda são meros sussurros no emaranhado de gritos e demandas da sociedade contemporânea, que muitas vezes vê na diferença das pessoas *trans* uma justificativa para sua marginalização.

O devido reconhecimento de pessoas *trans* perpassa por vários aspectos, entre eles, assegurar direitos de cidadania e seu pleno exercício, através de sua visibilidade, integração e devido respeito social. Isso somente é possível quando lhes é garantida a disposição sobre o próprio corpo, à sua integridade física e moral, à saúde física e emocional, à sua intimidade, à privacidade, ao nome, à igualdade e à liberdade do exercício de sua sexualidade. A garantia do direito ao devido reconhecimento da identidade das pessoas *trans* demonstra o exercício do respeito pelo Estado àqueles e àquelas que assim se expressam, permitindo a integração e a convivência condizente à dignidade de qualquer ser humano.

REFERÊNCIAS

AGUINSKY, Beatriz Gershenson; FERREIRA, Guilherme Gomes; RODRIGUES, Marcelli Cirpriani. A carteira de nome social para travestis e transexuais no Rio Grande do Sul: entre polêmicas, alcances e limites. IN: SEMINÁRIO INTERNACIONAL FAZENDO GÊNERO, 10, 2013, Florianópolis. **Anais**. Florianópolis: Universidade Federal de Santa Catarina,2013. Disponível em: http://www.fg2013.wwc2017.eventos.dype.com.br/resources/anais/20/1382028691_ARQUIVO_FazendoGenero-Acarteiradenomesocialparatravestisetransexuaisno RS-entrepolemicas,alcancesedebates.pdf. Acesso em 28 jun. 2019.

BARBOSA, Bruno Cesar. "Doidas e putas": usos das categorias travesti e transexual. **Sexualidad, Salud y Sociedad** (Rio de Janeiro), Rio de Janeiro, n. 14, p. 352-379, Aug. 2013.

BENJAMIN, Harry. **The transexual phenomenon**. Düsseldorf: Symposium Publishing, 1999.

BENTO, Berenice Alves de Melo. **A reinvenção do corpo: sexualidade e gênero na experiência transexual.** Rio de Janeiro: Garamond, 2006.

BENTO, Berenice Alves de Melo. **O que é transexualidade**. São Paulo: Brasiliense, 2008.

BENTO, Berenice Alves de Melo. Direito à identidade de gênero: entre a gambiarra e o direito pleno. *In:* BENTO, Berenice Alves de Melo. ***Transviad@s*: gênero, sexualidade e direitos humanos** Salvador: EDUFBA, 2017.

BENTO, Berenice Alves de Melo. **Brasil: país do Transfeminicídio.** Disponível em: http://www.clam.org.br/uploads/arquivo/Transfeminicidio_Berenice_Bento.pdf.

Acesso em 31 mar. 2019.

BRASIL. Constituição (1998). **Constituição da República Federativa do Brasil.** Brasilia, DF: Senado Federal, 1998. Disponível em: http://www.planalto.gov.br/ccivil_03/-constituicao/ConstituicaoCompilado.htm. Acesso em 31 mar. 2019.

BRASIL. Decreto nº 8.727, de 28 de abril de 2016. Dispõe sobre o uso do nome social e o reconhecimento da identidade de gênero de pessoas travestis e transexuais no âmbito da administração pública federal direta, autárquica e fundacional. **Diário Oficial [da] República Federativa do Brasil.** Brasília, DF, 29 abr. 2016. Disponível em: http://www.planalto.gov.br/ccivil_03/_Ato2015-2018/2016/Decreto/D8727.htm. Acesso em: 29 Jun. 2019 (BRASIL, 2016a).

BRASIL. Câmara dos Deputados. **Projeto de Decreto Legislativo de Sustação de Atos Normativos do Poder Executivo 395/2016**. Susta o Decreto nº 8.727, de 28 de abril de 2016, que "Dispõe sobre o uso do nome social e o reconhecimento da identidade de gênero de pessoas travestis e transexuais no âmbito da administração pública federal direta, autárquica e fundacional". Disponível em: http://www.camara.gov.br/proposicoes Web/fichadetramitacao?idProposicao=2085024. Acesso em: 29 Jun. 2019 (BRASIL, 2016b).

BRASIL. Lei nº 6.015, de 31 de dezembro de 1973. Dispõe sobre os registros públicos, e dá outras providências. **Diário Oficial [da] República Federativa do Brasil**, Brasília, DF, 31 dez. 1973. Disponível em: http://www.planalto.gov.br/

ccivil_03/leis/L6015compilada.htm. Acesso em: 27 Jun. 2019.

BUTTLER, Judith. Corpos que pesam: sobre os limites discursivos do sexo. IN: LOURO, Guacira Lopes [Org.]. **O corpo educado: pedagogias da sexualidade.** Tradução dos artigos: Tomaz Tadeu da Silva. 2. ed. Belo Horizonte: Autêntica, 2000, p. 151-179.

CASARES, Aurélia Martín. **Antropologia del género: culturas, mitos y estereotipos sexuales.** 3. ed. Madri: Cátedra Ediciones, 2012.

DIAS, Maria Berenice. ***Homoafetividade e direitos LGBTI.*** 6. ed. reformulada. São Paulo: Revista dos Tribunais, 2014.

DINIZ, Maria Helena. **O estado atual do biodireito**. São Paulo: Saraiva, 2001.

FOUCAULT, Michel. **História da Sexualidade: A vontade de saber.** Tradução: Maria Thereza da Costa Albuquerque; J.A. Guilhon. Rio de Janeiro: Edições Graal, 2011. v. 1.

FOUCAULT, Michel. **Microfísica do Poder**. Organização, introdução e Revisão Técnica: Roberto Machado. 2. ed. Rio de Janeiro: Paz e Terra, 2015.

GARCIA, Emerson. A "mudança de sexo" e suas implicações jurídicas: breves notas. **Revista Brasileira de Direito das Famílias e Sucessões**, Porto Alegre, v. 12, n. 18, p. 52-68, ago./set. 2010.

GERMANO, Felipe. Brasil é o país que mais procura por transexuais no RedTube – e o que mais comete crimes transfóbicos nas ruas. **Superinteressante**, São Paulo, Fev. 2016, Comportamento. Disponível em: http://super.abril.com.br/?utm_source=barra_abril&utm _ medium=portal&utm_campaign=barra_abril_portal. Acesso em: 26 Jun. 2019.

GIERUS, Renate. CorpOralidade: História Oral do corpo. In: STRÖHER, Marga J.; DEIFELT, Wanda; MUSSKOPF, André S. [Orgs.]. ***À flor da pele*: Ensaios sobre gênero e corporeidade**. 2. ed. São Leopoldo: Sinodal; CEBI, 2006. p. 37-51.

GILERT, Paul. O Mal e a violência. *In*: OLIVEIRA, Ibraim Vitor de; PAIVA Márcio Antônio [Org.]. **Violência e discurso sobre Deus.** 2. ed. São Paulo: Paulinas; Belo Horizonte: Ed. PUC Minas, 2010.

HABERMAS, Jürgen. **A inclusão do outro: estudo de teoria política**. Tradução George Sperber e Paulo Astor Soethe. São Paulo: Loyola, 2002.

HALL, Stuart. **A identidade cultural na pós-modernidade**. Tradução Tomaz Tadeu da Silva & Guacira Lopes Louro. Rio de janeiro: Lamparina, 2014.

HALL, Stuart. Quem precisa de identidade? IN: SILVA, Tomaz Tadeu da [Org.]. **Identidade e Diferença: a perspectiva dos estudos culturais.** Petrópolis: Vozes, 2000. p. 103-133.

HAHN, Noli Bernardo; ANGELIN, Rosângela. A contribuição

dos Movimentos Feministas para a cultura dos Direitos Humanos diante da perspectiva da racionalidade descentrada. In: SANTOS, André Leonardo Copetti; HAHN, Noli Bernardo; ANGELIN, Rosângela [Orgs.]. **Policromias da Diferença: Inovações sobre Pluralismo, Direito e Interculturalidade.** Curitiba: Juruá, 2015, p. 65-78.

HOGEMANN, Edna Raquel; CARVALHO, Marcelle Saraiva de. O biodireito de mudar: transexualismo e o direito ao verdadeiro eu. **Âmbito Jurídico**. Rio Grande, XIV, n. 89, jun. 2011.

HONNETH, Axel. **Luta por reconhecimento: A gramática moral dos conflitos sociais.** Tradução: Luiz Repa. Apresentação de Marcos Nobre. 2. ed. 2009, 1ª reimpressão 2011. São Paulo: Ed. 34, 2003.

LE BRETON, David. **Adiós al cuerpo: una teoria del cuerpo em el extremo contemporaneo.** Traducción: Ociel Flores. 2. ed. México: La cifra editorial, 2011.

LOURO, Guacira Lopes. Pedagogias da sexualidade. In: LOURO, Guacira Lopes. [Org.]. **O corpo educado: Pedagogias da Sexualidade.** Tradução dos artigos: Tomaz Tadeu da Silva. 3. ed. Belo Horizonte: Autêntica, 2013, p. 07-35.

MARANHÃO, Odon Ramos. **Curso Básico de Medicina Legal.** 7. ed. São Paulo: Malheiros, 1995.

MATTOS, Patrícia. O reconhecimento, entre a justiça e a identidade. **Revista Lua Nova** [online]. 2004, n.63, pp.143-160. Disponível em: http://www.scielo.br/pdf/-ln/n63/

a06n63.pdf. Acesso em 11 jul. 2019.

OTONI, Isadora. Sem emprego trans. **Revista Forum**, São Paulo, edição 132, 31. jan. 2014. Disponível em: http://www.revistaforum.com.br/digital/132/sem-emprego-para-trans/. Acesso em: 24 Jul. 2019.

RESTA, Elisio. **Percursos da identidade: uma abordagem jusfilosófica**. Tradução Doglas Cesar Lucas. Ijuí: Ed. Unijuí, 2014.

RIO GRANDE DO SUL. Decreto nº 48.118, de 27 de junho de 2011. Dispõe sobre o tratamento nominal, inclusão e uso do nome social de travestis e transexuais nos registros estaduais relativos a serviços públicos prestados no âmbito do Poder Executivo Estadual e dá providências. **Diário Oficial do Rio Grande do Sul**, Porto Alegre, RS, 28 jun. 2011. Disponível em: 25 Jun. 2017.

RIOS, Roger Raupp. Notas para o desenvolvimento de um direito democrático da sexualidade. *In:* RIOS, Roger Raupp [Org.]. **Em defesa dos direitos sexuais**. Porto Alegre: Livraria do Advogado Editora, 2007. p. 13-38

ROMANO, Ana Maria. Os direitos da personalidade e o tratamento jurídico do transexualismo. **Revista da Escola Paulista da Magistratura.** São Paulo, v. 9, n. 1, p. 115-127, jan./jun. 2009.

SANCHES, Patricía Corrêa. Mudança de nome e de identidade sexual. In: DIAS, Maria Berenice (Coord.). **Diversidade Sexual e direito homoafetivo.** São Paulo: Revista dos Tribunais, 2011. p. 425-444.

SILVA, Tadeu Tomaz da. A produção social da identidade e da diferença. In: SILVA, Tadeu Tomaz da [Org.]. **Identidade e Diferença: a perspectiva dos estudos culturais.** Petrópolis: Vozes, 2000. p. 73-102.

SÍNODO DOS BISPOS: *XIV Assembleia Geral Ordinária*. "**A vocação e a missão da família na Igreja e no mundo contemporâneo**". Linementa. Docuemtno 18. Brasília, Edições CNBB, 2015.

TAYLOR, C. A política de reconhecimento. In: TAYLOR, Charles. **Multiculturalismo: examinando a política de reconhecimento**. Lisboa: Instituto Piaget, l994.

VIEIRA, Tereza Rodrigues. **Bioética e direito**. 2. ed. São Paulo: Jurídica Brasileira, 2003.

WOODWARD, Kathryn. Identidade e diferença: uma introdução teórica e conceitual. In: SILVA, Tomaz Tadeu da [Org.]. **Identidade e Diferença: a perspectiva dos estudos culturais.** Petrópolis: Vozes, 2000. p. 7-72.

TRANSVERSALIDADE DE GÊNERO NAS POLÍTICAS PÚBLICAS PARA PROMOÇÃO DA IGUALDADE DE MULHERES MIGRANTES

Simone Andrea Schwinn[1]

Marli M. M. Da Costa[2]

1 Doutora em Direito pelo Programa de Pós Graduação em Direito da Universidade de Santa Cruz do Sul-UNISC, Área de concentração Direitos Sociais e Políticas Públicas, linha de pesquisa Diversidade e Políticas Públicas, com Bolsa PROSUC/CAPES. Mestra em Direito pelo mesmo programa na linha de pesquisa Constitucionalismo Contemporâneo, com Bolsa CNPq. Integrante do grupo de Pesquisa "Direito, Cidadania e Políticas Públicas", coordenado pela Prof.ª Pós Dra. Marli M. M. da Costa e vinculado ao PPGD da Unisc. Integrante da Cátedra Sérgio Vieira de Mello da UFRGS, do Núcleo de Pesquisas em Migrações da Região Sul-MIPESUL e do Grupo de Trabalho em Apoio a Refugiados e Imigrantes – GTARI UNISC.
E-mail: ssimoneandrea@gmail.com

2 Doutora em Direito pela Universidade Federal de Santa Catarina - UFSC, com pós-doutoramento em Direito pela Universidade de Burgos - Espanha, com bolsa CAPES. Professora da Graduação e da Pós-Graduação Lato Sensu em Direito da Universidade de Santa Cruz do Sul - UNISC. Professora do Programa de Pós-Graduação em Direito - Mestrado e Doutorado da UNISC. Coordenadora do Grupo de Estudos Direito, Cidadania e Políticas Públicas do PPGD da UNISC. Especialista em Direito Privado. Psicóloga com Especialização em Terapia Familiar. Membro do Conselho Consultivo da Rede de Pesquisa em Direitos Humanos e Políticas Públicas. Membro do Conselho Editorial de inúmeras revistas qualificadas no Brasil e no exterior. Membro do Núcleo de Pesquisas Migrações Internacionais e Pesquisa na Região Sul do Brasil - MIPESUL. Autora de livros e artigos em revistas especializadas. E-mail: marlim@unisc.br

CONSIDERAÇÕES INICIAS

O tema das migrações tem estado na pauta das discussões públicas e acadêmicas nos últimos anos, seja pela chamada "crise migratória" na União Europeia, ou, no caso do Brasil com uma nova onda de migrações vinda de países do sul global.

Um dos temas ainda pouco discutidos é o da feminização das migrações, ou seja, do maior número de mulheres que integram os fluxos migratórios, por razões que não se restringem a acompanhar a família ou o marido em busca de novas possibilidades de vida.

Diante dessa realidade – tanto o aumento dos fluxos, como a maior participação de mulheres – os Estados tem procurado adotar ou adequar políticas públicas para essa população. O fato é que, enquanto mulheres, as migrantes estão sujeitas a uma série de discriminações, violências e estereótipos comuns a todas as mulheres. Mas sua condição de migrante, não raro, agrava essas situações.

Tendo em vista que políticas públicas são respostas do Estado a problemas que passam a integrar sua agenda, é possível observar que existe uma preocupação em relação à questão das migrações – o que não significa a adoção de políticas que reconheçam o direito humano de migrar. Em relação às mulheres, ao longo dos anos, o movimento feminista conseguiu colocar em pauta diferentes reivindicações das mulheres mas, as mulheres migrantes ainda não são totalmente contempladas nessas demandas, ocupando os postos de trabalho mais precários, sem participação política e vitimadas por diferentes violências em todos os momentos da percurso migratório.

Eis então a razão deste trabalho: defender a adoção de políticas públicas para mulheres migrantes, tendo em vista a transversalidade de gênero, ou seja, a incorporação da perspectiva de gênero nas políticas públicas, considerando o impacto da ação pública sobre mulheres e homens, assim como a transformação no equilíbrio de poder e distribuição de recursos entre ambos.

Este trabalho é fruto dos estudos e pesquisas realizadas junto ao grupo Direito, Cidadania e Políticas Públicas, vinculado ao Programa de Pós Graduação em Direito da Universidade de Santa Cruz do Sul – UNISC e integra o conteúdo da tese de doutorado intitulada "Feminização das migrações internacionais e Luta pelo Reconhecimento como garantia da igualdade de gênero e direitos humanos das mulheres refugiadas no Brasil: contribuições da teoria de Axel Honneth".

1 A VIOLÊNCIA E OS ESTEREÓTIPOS DE GÊNERO QUE ATINGEM MULHERES MIGRANTES

Migrações são uma realidade que acompanha a história mundial desde os primórdios. Este é um fato inegável e que não vai cessar: pessoas migram, e pelas mais diversas razões. Dados atualizados até 2017 informam que o número de migrantes internacionais até aquele ano era de 258 milhões de pessoas, o que representa um aumento de 85 milhões migrantes desde o ano 2000, sendo que 48% são mulheres. (IOM,

2018).

Dos 70,8 milhões de deslocados de maneira forçada em 2018, ao menos metade são mulheres e crianças, segundo dados do Alto Comissariado das Nações Unidas para Refugiados – ACNUR. Diariamente, são 37 mil novos refugiados, deslocados em razão de perseguição devido a sua raça, pertencimento a grupo social (e aqui se incluem as mulheres, perseguidas em razão de gênero), religião, nacionalidade ou opinião política. (UNHCR, 2019).

A condição de migrante pode acentuar a vulnerabilidade e exposição a situações de violência de gênero. A escassa rede de apoio social e familiar, um contexto cultural diferente ao próprio (onde as mulheres já sofrem discriminações), somado a desigualdades que se sustentam em padrões de gênero, classe, raça, nacionalidade e língua, proporcionam uma maior precariedade de seus direitos e maiores dificuldades no acesso a serviços públicos de assistência e prevenção à violência de gênero. (OIM, 2014).

Os estereótipos de gênero motivam discriminações sobre as mulheres, uma vez que "gênero" está ligado a uma construção social, cultural, baseado naquilo que a sociedade espera em relação aos papéis atribuídos a mulheres e homens. Haug (2007) observa que as relações de gênero regulam as formações sociais e são fundamentais para questionamentos acerca das relações de dominação e exploração, na divisão do trabalho, na política, religião, moral e sexualidade, entre outras dimensões, ao passo em que ultrapassam cada um desses sentidos. A autora defende "que todas as práticas na sociedade estão determinadas por relações de gênero –tem um subtexto de gênero– são, por isso, colocadas em chave de dominação e que, portanto, devemos incluí-las em qualquer análise e compreensão da sociedade." (HAUG, 2007, p. 354).

As mulheres são alvo de uma discriminação histórica que provoca sua exclusão da titularidade de direitos, cujas consequências são as desigualdades sociais, políticas, econômicas e jurídicas exemplificadas pela falta de oportunidades iguais aos homens para acesso ao mercado de trabalho e em relação aos salários; menor índice de alfabetização; o direito ao voto feminino, que é uma conquista recente, a participação política das mulheres e a ocupação de postos de comando, com remuneração inferior. (BELLOSO MARTÍN e GORCZEVSKI, 2018).

Estas formas de discriminação incidem ou sofrem a incidência de diferentes vertentes, como os direitos humanos, a igualdade, a discriminação, o feminismo, o patriarcalismo, a subordinação e a diferença, as questões de gênero e sexo, por exemplo. Isso faz com que posições que distorcem uma abordagem de acordo com a justiça e os direitos humanos sejam encorajadas. Uma bipolarização da realidade humana é alcançada de modo especificamente masculino e outro feminino, dando origem a um contexto em que o papel masculino geralmente domina. (BELLOSO MARTÍN; GORCZEVSKI, 2018).

Desta forma, analisar a migração feminina desde a perspectiva de gênero significa reconhecer que as diferenças entre homens e mulheres não correspondem a uma explicação biológica, mas a uma construção mental da sociedade e as relações de poder estabelecidas. (MORALES, 2007).

As tensões de gênero, portanto, afetam todos os aspectos da experiência migratória, tanto de mulheres, como de homens, tendo influência sobre as motivações para as migrações, a decisão de quem migra, as redes sociais acessadas para fazê-lo, as experiências de integração e inserção laboral nos países de destino e as relações nos países de origem. (PETROZZIELLO, 2013). Existem assim, diferentes aspectos ou instâncias dos processos migratórios onde é possível verificar o impacto dos padrões e relações sociais de gênero, como por exemplo, nas motivações migratórias: as construções de gênero condicionam as decisões migratórias e as estratégias que homens e mulheres assumem em torno da organização dos deslocamentos, que podem ser observados e se inter-relacionam nos níveis macroestrutural, familiar e individual. (ROSAS,2015).

As motivações para a migração de mulheres e homens reproduzem estereótipos de gênero: por exemplo, para o caso dos homens, os motivos que normalmente causam a decisão de migração estão relacionados com a necessidade de conseguir um emprego e cumprir seu papel de provedor econômico e apoio familiar. Para as mulheres, algumas motivações são impactadas por sua posição nos sistemas de gênero: escapar de contextos culturais ou familiares opressivos (como a violência doméstica, o controle sobre as mulheres jovens, a pressão pelo casamento, a discriminação sobre as mulheres lésbicas); a expectativa por melhores casamentos ou emprego como trabalhadoras domésticas e de cuidados com pessoas idosas nos lugares de destino, entre outros. (OIM, 2014).

Por outro lado, nas sociedades receptoras, discriminação por raça, local de nascimento e gênero, são importantes e influenciam a incorporação de mulheres e homens migrantes ao mercado de trabalho. As mulheres podem ter experiências diferentes das dos homens porque são frequentemente segregadas em ocupações "femininas" tradicionais, como o trabalho doméstico, o cuidado das crianças ou a fabricação de roupas. Mesmo trabalhadores imigrantes altamente qualificados podem ter experiências diferentes com base em seu gênero. As hierarquias de gênero que afetam as mulheres em geral também prejudicam as mulheres imigrantes em particular, influenciando as oportunidades e o ambiente de trabalho e os salários em relação aos colegas do sexo masculino. (BOYD; GRIECO, 2003).

Nessa, esteira, insegurança e deslocamento aumentam vulnerabilidades ao estupro, exploração e aquisição do HIV, incluindo entre as mulheres, meninas adolescentes e meninos, pessoas com deficiência e indivíduos identificando-se como lésbica, gay, bissexual, transgênero ou intersexo. (UNFPA, 2019).

O Relatório do Alto Comissariado das Nações Unidas para Refugiados – ACNUR, intitulado *Inicial Assessment Report: Protection, Risks and Responses for Women and Girls in the European Refugee Crisis*[3] aponta que na perigosa jornada percorrida por refugiados e migrantes, eles frequentemente enfrentam altos níveis de violência, extorsão e exploração ao longo do caminho, incluindo múltiplas formas de perseguição e violência sexual e generalizada de gênero. Mulheres soltei-

3 Relatório inicial de Avaliação: Proteção e Riscos para mulheres e meninas, refugiados e migrantes na crise europeia de refugiados (tradução livre), Disponível em: https://www.unhcr.org/protection/operations/569f8f419/initial-assessment-report-protection-risks-women-girls-european-refugee.html

ras viajando sozinhas ou com crianças, mulheres grávidas e lactantes, meninas adolescentes, crianças desacompanhadas, recém-casados - às vezes com filhos recém-nascidos - pessoas com deficiência, e homens e mulheres idosos estão entre aqueles que são particularmente em risco e exigir uma resposta de proteção coordenada e eficaz. (UNHCR, 2015).

No percurso migratório, são justamente meninas e mulheres as que mais sofrem abusos aos seus direitos humanos: violência sexual, tráfico de mulheres, escravidão em locais de trabalho, impossibilidade de contato com a família, são alguns deles. Sofrem, sobretudo, com a dupla face da vitimização: ser mulher e ser migrante. Nesse viés, os sistemas internacionais de proteção aos direitos humanos tem se mostrado insuficientes.

Em razão da distância de suas origens e referências (local de nascimento, moradia, família); da indiferença oficial, com pouca ou nenhuma proteção governamental; dos abusos (sobretudo sexuais) e da estigmatização em razão da condição de mulher e migrante, são diferentes as dimensões da violência e desigualdades sofridas pelas mulheres, que tem influência direta sobre o processo de adaptação a uma nova realidade, podendo ser divididas em *violência cultural*, *violência social* e *violência sexual* (talvez a mais perversa de todas, com o uso do estupro como arma de guerra; a exploração sexual e o tráfico a mulheres e meninas para fins sexuais). (MARINUCCI, 2014; HINRICHS, 2015).

Desta forma, a violência sobre as mulheres é uma das mais graves violações de Direitos Humanos, pois manifesta-se em diversos contextos: na família, na comunidade, nas instituições estatais, em situações de conflito e pós - conflito armado. Em todo o mundo, as mulheres são vítimas de violência de várias ordens, simplesmente por serem mulheres e, nesse contexto, uma em cada três mulheres serão vítimas de violência ao longo de suas vidas.

2 A TRANSVERSALIDADE DE GÊNERO NAS POLÍTICAS PÚBLICAS

As Nações Unidas, através do Conselho Econômico e Social – ECOSOC têm reafirmado que a incorporação da perspectiva de gênero é uma estratégia aceita mundialmente para promoção da igualdade entre os gêneros e o empoderamento da mulher, constituindo uma estratégia fundamental para a aplicação plena, efetiva e acelerada da Declaração e Plataforma de Ação de Beijing. Ao lado disso, reconhece que existe uma brecha importante entre a política e a prática, e que o aumento das capacidades das Nações Unidas por si só não é suficiente para que se cumpram os compromissos e obrigações que dizem respeito à incorporação da perspectiva de gênero. (UNITED NATIONS, 2012).

De acordo o Programa das Nações Unidas para o Desenvolvimento – PNUD, as desigualdades de gênero representam uma das principais obstruções ao desenvolvimento humano. A menos que mulheres e meninas possam exercer plenamente seus direitos em todas as esferas da vida, o desenvolvimento humano não avançará, uma vez que a igualdade de gênero é, sobretudo, uma questão de direitos humanos. (PNUD, 2014).

Uma das formas de buscar a igualdade de gênero é a incorporação da perspectiva de gênero nas políticas públicas, a partir da igualdade de tratamento, igualdade de oportunidades e da transversalidade. Relativamente à igualdade de tratamento, significa a reprodução da grande maioria dos documentos legais de que todos são iguais, não sendo permitida qualquer forma de discriminação. (ZAREMBERG, 2013).

Em relação à igualdade de oportunidades, a busca é pela superação das limitações do enfoque da igualdade de tratamento centradas na distância entre a realidade e a igualdade enunciada formalmente e a igualdade real. Desta forma, as políticas devem prever a introdução de medidas diferenciadas para mulheres que permitam igualar as oportunidades com os homens, o que significa reconhecer que homens têm maiores oportunidades de acesso a tratamento, que se traduz em vantagens frente às mulheres. Estas desvantagens não desaparecem pela simples modificação no nível formal de igualdade[4]. (ZAREMBERG, 2013).

A transversalidade ou *gender maisntreaming* tem por objetivo incorporar a perspectiva de gênero nas políticas públicas, considerando o impacto da ação pública sobre mulheres e homens, assim como a transformação no equilíbrio de poder e distribuição de recursos entre ambos. A ideia dessa perspectiva, é que a igualdade de gênero esteja inserida de forma permanente na agenda política dos países, e não em ações ou políticas

4 Um bom exemplo são as políticas de cotas para mulheres na política.

compensatórias e temporais.[5] (ZAREMBERG, 2013).

A incorporação da perspectiva de gênero é uma abordagem da formulação de políticas que leva em consideração os interesses e as preocupações de mulheres e homens. O conceito de incorporação da perspectiva de gênero foi introduzido pela primeira vez na III Conferência Mundial sobre a Mulher de Nairóbi, em 1985. Na ocasião, foram apontadas medidas de caráter jurídico para alcançar a igualdade na participação social e na participação política e nos lugares de tomada de decisões, como a igualdade no acesso à educação, oportunidades no trabalho e atenção à saúde das mulheres. (ONU MULHERES BRASIL, 2019).

O Conselho Europeu define *gender mainstreaming* como a (re) organização, melhoria, desenvolvimento e avaliação de processos políticos, de modo que uma perspectiva de igualdade de gênero seja incorporada em todas as políticas, em todos os níveis e em todos os estágios, pelos atores normalmente envolvidos na formulação de políticas. (COUNCIL OF EUROPE, 2019).

A adoção da perspectiva de gênero significa integrar uma perspectiva de igualdade de gênero em todas as etapas e níveis de políticas, programas e projetos. Mulheres e homens têm necessidades e condições de vida e circunstâncias diferentes, incluindo acesso desigual e controle sobre poder, recursos, direitos humanos e instituições, incluindo o sistema de justiça. As situações de homens e mulheres também diferem de acor-

5 Quando a incorporação da perspectiva de gênero nas principais políticas dos países permanece ao longo do tempo, independente de governos ocorre a institucionalização, que vai além da vontade particular dos atores.

do com o país, região, idade, origem étnica ou social ou outros fatores. O objetivo da incorporação da perspectiva de gênero é levar em conta essas diferenças ao elaborar, implementar e avaliar políticas, programas e projetos, para que beneficiem mulheres e homens e não aumentem a desigualdade, mas melhorem a igualdade de gênero. A incorporação da perspectiva de gênero visa solucionar as desigualdades de gênero, às vezes ocultas. É, portanto, uma ferramenta para alcançar a igualdade de gênero. (COUNCIL OF EUROPE, 2019).

A integração da perspectiva de gênero garante que a elaboração de políticas e o trabalho legislativo tenham mais qualidade e tenham maior relevância para a sociedade, porque fazem com que as políticas respondam de maneira mais eficaz às necessidades de todos os cidadãos - mulheres e homens, meninas e meninos. A incorporação da perspectiva de gênero torna as intervenções públicas mais eficazes e garante que as desigualdades não sejam perpetuadas. (EIGE, 2019).

Desta forma, a incorporação da perspectiva de gênero não visa apenas evitar a criação ou o reforço de desigualdades, que podem ter efeitos adversos em mulheres e homens. Implica também analisar a situação existente, com o objetivo de identificar desigualdades, e desenvolver políticas que visem corrigir essas desigualdades e desfazer os mecanismos que as causaram. (EIGE, 2019).

Mesmo não havendo pesquisas significativas sobre a relação de acesso (ou não) à políticas públicas por parte das mulheres migrantes, é possível inferir que, levando em consideração as diferentes dimensões da violência a que estão submetidas mulheres em situação de migração, e os diferentes marcadores sociais como etnia, cultura, identidade nacional e religião, é possível afirmar que as limitações de acesso às políticas públicas por parte dessa população, tornam-se muito mais graves quando analisadas sob o viés de gênero.

Um dos desafios, neste sentido, é a desmistificação do estereótipo negativo criado sobre os imigrantes em geral, e, do ponto de vista das políticas públicas, necessário um olhar sobre as especificidades desta população, sobretudo as mulheres, para que seu processo de integração social seja o menos doloroso possível. Uma das ações é a necessidade de que seja contemplada a transversalidade de gênero nas políticas públicas, ou seja, “a reorganização dos processos políticos com o viés da equidade de gênero em todas as políticas, ações e programas do governo, em todos os níveis e fases” (COSTA, 2011, p. 201).

Não se pode então, perder de vista que, a política pública é uma ação do Estado em consonância com a sociedade e que, por vezes, uma inação pode ser a política adotada. As políticas públicas requerem aceitação social e podem estar divididas em políticas de Estado e de governo, o que não tem necessariamente vinculação com a consolidação democrática dos países. Portanto, a internalização da política pública passa também, por um processo de legitimação social.

O que se espera é que ao lado de uma legislação includente baseada nos direitos humanos das pessoas refugiadas, caminhem políticas públicas que tenham atenção especial e essa população, que carrega o estigma por sua condição: de mulher e migrante. Sujeitas a diferentes violências, chegam a um novo país lutando para superar as dificuldades de integração social. Nesse momento o Estado deve estar presente, seja através de uma legislação pautada nos direitos humanos dos migrantes, como de políticas públicas que permitam e auxiliem essa integração e, sobretudo, seu reconhecimento.

Existe uma carência de políticas públicas que levem em conta as especificidades das pessoas migrantes, dificultando seu acesso. No caso das mulheres, além da inexistência de políticas específicas, as políticas existentes não são construídas de forma transversal, ou seja, além de estarem isoladas umas das outras não contemplam o viés de gênero em sua formulação, não reconhecendo que os problemas identificados para a implementação das políticas podem afetar de maneira diferente mulheres e homens e que, portanto, as soluções também podem ter um impacto diferente.

3 FEMINIZAÇÃO DAS MIGRAÇÕES INTERNACIONAIS E A IMPORTÂNCIA DE POLÍTICAS PÚBLICAS PARA MULHERES MIGRANTES

É fato que o número de mulheres migrantes tem aumentado, e as causas não são únicas. Se no século XIX o que fazia a mulher migrar era a família, ou seja, o homem era o protagonista da migração levando consigo mulher e filhos, hoje as causas da migração feminina são diversas. Em países economicamente mais ricos, a reunião familiar alcança maiores índices, ao lado de condições sócio-culturais que incentivam a migração feminina buscando emancipação. Por outro lado, a demanda por trabalhadoras domésticas e trabalhos de cuidado (babás, cuidadoras de idosos, etc) nesses países favorece a migração de mulheres cujos projetos migratórios são individuais. (MARINUCCI; MILESI, 2005).

> Uma das características das novas migrações internacionais é a maior parte ocupada pelas mulheres. Atualmente, as migrações femininas são migrações ativas. As mulheres estão participando do projeto de migração e agora estão determinadas a conquistar sua autonomia usando precisamente a migração como trampolim.[6] (Krzeslo, 2007, p. 121).

Lisboa (2006) argumenta que estudos feministas têm apontado para o que se pode chamar de "*feminização das migrações*", resultado, sobretudo, do processo de feminização da pobreza, já que, segundo as Nações Unidas, 70% dos pobres do mundo são mulheres, o que seguramente tem desencadeado fluxos migratórios internos (nacionais) e externos (internacionais), onde as mulheres migram em busca de melhores condições de vida para si e seus familiares. Deste processo costumam ser apontados os seguintes fenômenos: "o aumento quantitativo do número de mulheres migrantes, a mudança do perfil e a maior visibilidade do universo feminino no âmbito migratório." (MILESI; MARINUCCI, 2015, p. 56).

Já em 2005, em seu relatório anual, o Fundo de Popu-

6 Tradução livre de: "L'une des caractéristiques des nouvelles migrations internationales est la part majeure qu'y occupent les femmes. Actuellement, les migrations féminines sont des migrations actives. Les femmes participent au projet migratoire et sont désormais décidées à conquérir leur autonomie en se servant précisément de la migration comme tremplin."

lação das Nações Unidas informava que o número de mulheres migrantes excedia o dos homens em três dos cinco continentes (com exceção da Ásia e da África). Mas, para diferenciar entre a migração passada e a presente, não é suficiente notar que as mulheres são tão numerosas, às vezes mais numerosas que os homens, entre aquelas que iniciaram um projeto de migração. Além disso, para revelar a especificidade da experiência feminina de migração, necessário realizar um trabalho de correção do olhar que permitisse introduzir a dimensão de gênero na análise da experiência migratória. (Krzeslo, 2007).

Portanto, as mudanças no papel das mulheres em muitas sociedades, sua inserção no mercado de trabalho, o avanço no processo de emancipação e, acima de tudo, o crescente número de migrantes femininos, tornam cada vez mais questionável a superação da redução das mulheres como agentes passivos do ato migratório. Além disso, é possível observar, que a migração das mulheres em seus elementos constitutivos pode ter diferenças profundas em suas características relacionadas aos homens. Assim, análises e avaliações genéricas e neutras ligadas ao tema gênero (insensível ao gênero) não são mais possíveis. (MARINUCCI, 2007).

De acordo com a Onu Mulheres, as mulheres que experimentam múltiplas e inter-relacionadas formas de discriminação necessitam conhecer e exigir seus direitos, algo que acontece com maior frequência quando elas se reúnem para debater seus problemas e atuam coletivamente para buscar soluções[7]. (UN WOMEN, 2015).

7 Em São Paulo, a Equipe de Base Warmis – Convergência de Culturas, grupo de mulheres voluntárias, busca transformar a realidade e melhorar as condições nas quais vivem as mulheres migrantes, promovendo atividades

O potencial para avançar até a igualdade substantiva[8] é maior quando as reivindicações dos grupos organizados de mulheres encontram receptividade entre quem detém o poder, assim como quando existem mecanismos, como processos públicos de consulta e petição ou comissões parlamentares que permitam às mulheres articular de maneira legítima suas exigências em matéria de políticas. (UN WOMEN, 2015).

A capacidade dos Estados para promover a igualdade substantiva para as mulheres varia segundo seu tamanho e seu nível de desenvolvimento. Os tratados de direitos humanos deixam claro que os Estados devem cumprir determinadas obrigações de forma imediata, como a não discriminação e a igualdade de acesso a direitos, assim como garantir níveis mínimos de direitos. Os Estados também devem assegurar a realização de direitos de forma progressiva ao longo do tempo e permanecer alertas para que não se deteriorem. Porém, neste quadro, os países dispõem de certa margem para definir seus próprios caminhos e adotar decisões normativas, adaptadas a seus contextos particulares, que lhes permitam alcançar a igualdade substantiva para as mulheres. (UN WOMEN, 2015).

Para alcançar a igualdade substantiva a partir de ações estatais, podem ser definidas um conjunto de prioridades para

---

comunitárias.

8 A Onu Mulheres descreve a igualdade substantiva como a forma com que leis e políticas agem de forma real sobre a vida de meninas e mulheres. Nessa perspectiva, a conquista de igualdade substantiva requer ação em três áreas inter-relacionadas: a correção da desvantagem socioeconômica das mulheres; abordando estereótipos, estigma e violência; e fortalecimento da agência, voz e participação das mulheres. A ação pública coordenada em todas essas três dimensões tem o potencial de desencadear transformações duradouras em estruturas e instituições que limitam o gozo dos direitos das mulheres. (UN Women, 2015).

a intervenção pública, a saber: criação de mais e melhores empregos para as mulheres; redução da segregação ocupacional e das disparidades salariais de gênero; reconhecimento, redução e redistribuição do trabalho doméstico e de cuidados não remunerado; fortalecimento da segurança dos rendimentos das mulheres ao longo de todo seu ciclo vital; intervenção em serviços sociais com perspectiva de gênero; maximização dos recursos destinados a igualdade substantiva; auxílio às organizações de mulheres para exigirem seus direitos e influenciar a agenda pública em todos os níveis; criação de um entorno mundial favorável a realização dos direitos das mulheres; utilização das normas de direitos humanos para desenhar as políticas e angariar mudanças e, finalmente, obter evidência empírica que permita avaliar os avanços no âmbito dos direitos econômicos e sociais das mulheres. (UN WOMEN, 2015).

Sendo assim, se a feminização das migrações trata dos aspectos quantitativos e qualitativos do processo migratório das mulheres, ou seja, não somente mais mulheres migram, mas as causas são diversas, desde sistemas de opressão nos locais de origem, as dificuldades sofridas por elas durante os deslocamentos e a forma de acolhida e integração nos locais de destino. Esse processo está intimamente ligado com o que se pode chamar de proletarização das migrações femininas, uma vez que se a globalização gera deslocamentos populacionais significativos, mulheres são incentivadas a migrar em busca de oportunidades prometidas em outros lugares.

Em muitos casos, mulheres migrantes ocupam os postos de trabalho mais precários, sem proteção social, nos serviços domésticos e de cuidados. Ao mesmo tempo, a partir do momento que coexistem políticas públicas para melhoria da condição de vida dessas mulheres, ao lado de sistemas legislativos includentes, visando alcançar uma igualdade substantiva, é possível falar de um processo de emancipação das migrações femininas.

CONSIDERAÇÕES FINAIS

A construção de muros e o investimento dos Estados mais ricos em políticas de segurança, controle marítimo e de fronteira, não impedem as migrações. Ao contrário, cada vez mais pessoas colocam a própria vida em risco na busca por uma vida estável e segura longe de suas origens. Em tempos de hiperconectividade mundial, a migração internacional é uma realidade que chega a quase todas as partes do mundo. O desenvolvimento dos meios de transporte mais rápidos e baratos, permitem que as pessoas se desloquem em busca de emprego, educação, novas oportunidades e qualidade de vida. Por outro lado, conflitos, pobreza, desigualdade e falta de meios de vida sustentáveis obrigam milhares de pessoas a deixarem suas casas diariamente.

Como apontado, nas últimas décadas as mulheres têm sido atores cada vez mais presentes nas migrações internacionais. Se em alguns casos os números alcançaram o de homens, em outros, ultrapassaram, por diferentes motivos: se muitas dessas migrações são independentes e autônomas, outras são parte de estratégias familiares com objetivo de alcançar o bem estar do núcleo familiar.

Indiferente a isso, a análise das migrações femininas tem se concentrado principalmente na família, particularmente no papel reprodutivo e produtivo das mulheres e na dinâmica do cuidado em um contexto global. No âmbito do trabalho, tem se verificado que a maioria das mulheres que migra saindo de países periféricos, ocupa postos de trabalho mais precários, com baixa remuneração e, sobretudo, no setor de cuidados.

O acesso de mulheres migrantes à políticas públicas é imprescindível para sua integração e proteção de seus direitos humanos. Sendo assim, os países devem adotar políticas migratórias compatíveis com as necessidades dos migrantes em geral, mas, para promoção da igualdade substancial das mulheres migrantes, se faz necessária a adoção de políticas que contemplem a transversalidade de gênero.

Desta forma, de acordo com as Nações Unidas, a adoção da perspectiva de gênero nas políticas públicas avalia as implicações para mulheres e homens de qualquer ação planejada, incluindo legislação, políticas ou programas, em qualquer área e em todos os níveis. É uma estratégia para tornar as preocupações e experiências das mulheres e dos homens parte integrante do desenho, implementação, monitoramento e avaliação de políticas e programas em todas as esferas políticas, econômicas e sociais, para que mulheres e homens se beneficiem igualmente, e a desigualdade não seja perpetuada.

Este trabalho buscou assim, defender que a melhor forma de busca por igualdade de gênero para todas as mulheres, e também para as mulheres migrantes, é a adoção dessa perspectiva transversal nas políticas públicas, em todos os níveis.

REFERÊNCIAS

BELLOSO MARTÍN, Núria; GORCZEVSKI, Clóvis. Movimento Feminista e igualdade de direitos, Uma luta inacabada. **Revista do Direito UNISC.** Vol. 1, n. 54, p. 40-58, jan./abr. 2018. Disponível em: <https://online.unisc.br/seer/index.php/direito/article/viewFile/11838/7324>. Acesso em 01 ago. 2019. DOI: 10.17058/rdunisc.v1i54.11838.

BOYD, Monica; GRIECO, Elizabeth. **Women and Migration:** Incorporating Gender into International Migration Theory. Publicado em 1 mar. 2003. Disponível em: <http://www.migrationpolicy.org/article/women-and-migration-incorporating-gender-international-migration-theory>. Acesso em 10 nov. 2018

COSTA, Marli da. A transversalidade das políticas públicas na perspectiva de gênero. *In:* REIS, Jorge Renato dos; LEAL, Rogério Gesta. **Direitos sociais e Políticas Públicas:** desafios contemporâneos. Tomo 11. Santa Cruz do Sul: Edunisc, 2011.

COUNCIL OF EUROPE. **What is gender mainstreaming?** 2019. Disponível em: <https://www.coe.int/en/web/genderequality/what-is-gender-mainstreaming>. Acesso em 26 set. 2019.

EIGE. European Institute for Gender Equality. **What is gender mainstreaming?** 2019. Disponível em: <https://eige.europa.eu/gender-mainstreaming/what-is-gender-mainstreaming>. Acesso em 26 set. 2019.

EQUIPE DE BASE WARMIS. **Quem somos.** Disponível em: <http://www.warmis.org/quem-somos.html> Acesso em: 01 ago. 2019.

HAUG, Frigga. **Para uma teoria das relações de gênero**. Tradução de Rodrigo Rodrigues. Buenos Aires: Clacso, 2007. Disponível em: http://bibliotecavirtual.clacso.org.ar/clacso/formacion virtual/20100715081939/cap14.pdf. Acesso em 20 set. 2018.

HINRICHS, Beate. DEUTSCHE WELLE. **Opinião:** mulheres e crianças sofrem violência em abrigos de refugiados. Publicado em 11 out 2015. Disponível em: <http://www.dw.com/pt/opini%C3%A3o-mulheres-e-crian%C3%A7as-sofrem-viol%C3%AAncia-em-abrigos-de-refugiados/a-18775811>. Acesso em 29 jul. 2018.

IOM. International Organization for Migration. **Global Migartion Indicators 2018.** Disponível em: <https://publications.iom.int/system/files/pdf/global_migration_indicators_2018.pdf>. Acesso em: 27 jun. 2019.

KRZESLO, Estelle. Migrations et parcours d'exil: les femmes s'imposent. In: **REHMU- Revista Interdisciplinar da Mobilidade Humana.** Ano XV, n. 29, 2007. REHMU. Disponível em: <http://remhu.csem.org.br/index.php/remhu/article/view/61/53>. Acesso em: 29 jun. 2019.

LISBOA, Teresa Kleba. Gênero e Migrações: trajetórias globais, trajetórias locais de trabalhadoras domésticas. In: **REHMU- Revista Interdisciplinar da Mobilidade Humana.** Ano XIV, n. 26 e 27 – 2006. Disponível em: <http://www.

csem.org.br/remhu/index.php/remhu>. Acesso em 29 out. 2018.

MARINUCCI, Roberto. A dimensão religiosa. CSEM. Centro Scalabriniano de Estudos Migratórios. **Mulher Migrante**: agente de resistência e transformação. Brasília: CSEM, 2014, p. 25-27.

MARINUCCI, Roberto. Feminization of Migration? **REHMU-Revista Interdisciplinar da Mobilidade Humana.** Ano XV, n. 29, 2007. REHMU. Disponível em:< http://remhu.csem.org.br/index.php/remhu/article/view/55/47>. Acesso em: 19 jun. 2019.

MARINUCCI, Roberto; MILESI, Rosita. Migrações internacionais: em busca da cidadania universal. **Sociedade em Debate.** Vol. 11, n. 1, 2005, p. 13-37. Disponível em: <http://revistas.ucpel.tche.br/index.php/rsd/article/view/444/398>. Acesso em 01 jul. 2019

MILESI, Rosita; MARINUCCI, Roberto. Mulheres migrantes e refugiadas a serviço do desenvolvimento humano dos outros. In: **Refúgio, migrações e cidadania**. Caderno de Debates 10, dezembro de 2015, vol. 10, n. 10. Brasília: Instituto Migrações e Direitos Humanos, 2015.

MORALES, Ofelia W. La migración de las mujeres: un proyecto individual o familiar? **REHMU- Revista Interdisciplinar da Mobilidade Humana**. Ano XV, n. 29, 2007. Disponível em: <http://www.csem.org.br/remhu/index.php/remhu/article/view/56/48>. Acesso em 29 jul. 2018.

OIM. Organización Internacional para las Migraciones; MINISTÉRIO del Desarrollo Social del Gobierno de la Ciudad Autónoma de Buenos Aires. **Las mujeres migrantes y la violencia de género:** aportes para la reflexión y la intervención. Buenos Aires: VCR Impresores S.A., 2014.

ONU MULHERES BRASIL. **Conferências Mundiais da Mulher.** 2019. Disponível em: <http://www.onumulheres.org.br/planeta5050-2030/conferencias/>. Acesso em: 26 set. 2019.

PETROZZIELLO, Allison J. **Género en marcha:** trabajando el nexo migración – desarrollo desde una perspectiva de género. República Dominicana: Onu Mujeres, 2013.

PNUD. Programa das Nações Unidas para o Desenvolvimento.

Estrategia de Igualdad de Género del PNUD 2014-2017 – el futuro que queremos: derechos y empoderamiento. 2014. Disponível em: <http://www.undp.org/content/undp/es/home/librarypage/womens-empowerment/gender-equality-strategy-2014-2017/>. Acesso em: 22 set. 2018.

ROSAS, Carolina. **Implicaciones mutuas entre el género y la migración:** mujeres y varones peruanos arribados a Buenos Aires entre 1990 y 2003. Buenos Aires: Eudeba, 2015.

UN WOMEN. **Progress of the World's Women 2015-2016**: Transforming Economies, Realizing Rights. Publicado em 2015. <Disponível em: http://progress.unwomen.org/en/2015/>. Acesso em 20 set. 2018.

UNFPA. United Nations Population Found. **State of World Population 2019.** Disponível em: <https://www.unfpa.org/sites/default/files/pub-pdf/UNFPA_PUB_2019_EN_State_of_World_Population.pdf>. Acesso em: 20 jun. 2019.

UNHCR. The UN Refugee Agency. **Global Trends:** Forced Displacement in 2018.Disponível em: <https://www.unhcr.org/globaltrends2018/>. Acesso em 20 jun. 2019.

UNHCR. UN Refugee Agency. **Initial Assessment Report: Protection Risks for Women and Girls in the European Refugee and Migrant Crisis.** 2015. Disponível em: <https://www.unhcr.org/protection/operations/569f8f419/initial-assessment-report-protection-risks-women-girls-european-refugee.html>. Acesso em 01 jul. 2019.

UNITED NATIONS. Consejo Económico y Social (ECOSOC). **Incorporación de la perspectiva de género en todas las políticas y los programas del sistema de las Naciones Unidas El Consejo Económico y Social**. 6 Septiembre 2012, E/RES/2012/24. Disponível em: <https://www.refworld.org.es/docid/51f8e5494.html>. Acesso em: 22 jul 2019.

ZAREMBERG, Gisela. **El género em las políticas públicas públicas: redes, reglas y recursos.** México: FLACSO, 2013.

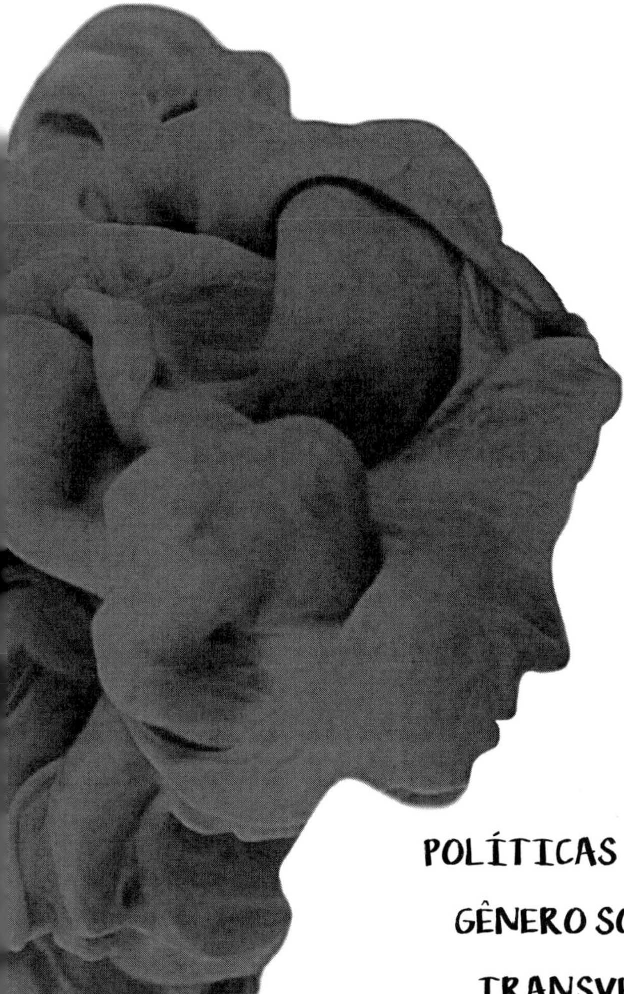

POLÍTICAS PÚBLICAS DE GÊNERO SOB O VIÉS DA TRANSVERSALIDADE: O DESAFIO DA PERSPECTIVA INCLUSIVA DOS DIREITOS DAS MULHERES NA GESTÃO ESTATAL

Luciane de Freitas Mazzardo[1]

1 Mestre em Direito pela Universidade de Santa Cruz do Sul - UNISC. Especialista em Direito Processual Civil e Graduada em Direito pela Universidade Luterana do Brasil - ULBRA. Especialista em Fundamentos da Educação e Graduada em Pedagogia pelo Centro Universitário Franciscano.Tem experiência docente nas áreas de Direito Internacional Privado, Direito Processual Civil, Direito Civil, com ênfase em Direito de Família, desenvolvendo e orientando pesquisas sobre Relações de Gênero e Promoção dos Direitos Humanos das Mulheres, Políticas Públicas de Inclusão Social, Educação e Direito Familista. Palestrante em evento internacional - IX Encuentro Hispano-Brasileño de Filosofía y Derechos Humanos -, na Universidade de Sevilha. Docente do Curso de Direito da Faculdade de Direito de Santa Maria - FADISMA e da Faculdade Metodista Centenário - FMC. Professora convidada do Curso de Especialização em Direito de Família e Mediação de Conflitos da Faculdade Palotina de Santa Maria - FAPAS. Professora Orientadora do Grupo de Estudos da Comissão Especial do Jovem Advogado - OAB-RS, no eixo temático de Direito de Família e Sucessões. Integra o corpo de pareceristas da Revista Iuris Dicere (ISSN: 2526-2327). Advogada.

> *Essa não é, nem será, uma revolução de veludo. A paisagem humana da liberação feminina está coalhada de cadáveres de vidas partidas, como acontece em todas as verdadeiras revoluções (Manuel Castells).*

CONSIDERAÇÕES INICIAIS

Vem de longa data a árdua trajetória das mulheres em sua busca identitária, perpassando várias fases e cenários em suas lutas, até a contemporaneidade, onde os ideais não arrefeceram, apenas mudaram seu enfoque, considerando que muito ainda há de ser conquistado em termos de reconhecimento e efetividade dos seus direitos, em que pese já consagrados no plano material.

Considerando o grande número de mulheres que permanecem à margem das esferas públicas e/ou decisórias, encobertas pelo manto de invisibilidade imposto pelo vasto histórico de preconceito e exclusão e, com o intuito de equacionar a distância entre as relações do mundo, da vida e o contexto legal, há que se promover a transversalidade das políticas públicas de gênero, conjugadas às demais políticas e ações estatais, eis que aí encontram um terreno fértil para sua efetivação, atingindo um maior contingente de mulheres em busca de emancipação e inclusão social.

O desafio está posto: as questões de gênero reclamam um atento olhar por parte dos gestores públicos e sociedade civil no tocante ao processo de inserção e consolidação das políticas públicas que abarcam os direitos da população feminina nas agendas políticas, cerne da problematização ora empreendida. Para tanto, vale-se da metodologia de abordagem dedutiva, a partir da visão de autores que se debruçam na especulação sobre o adequado manejo de tais ações, aliado ao método de procedimento histórico.

Dessa forma, o presente artigo objetiva, à luz de conceitos-chave, abordar a importância do fomento a perspectiva inclusiva de gênero nas agendas políticas, em todos os âmbitos da estrutura estatal, fazendo com que as conquistas e permanente luta pela garantia dos direitos das mulheres encontrem um legítimo espaço de efetivação. O correto manejo das políticas públicas se mostra como o caminho mais viável e concreto para que essa representativa parcela da população tenha suas pautas incorporadas a agenda de equidade de gênero, porquanto sujeitos de direitos, cidadãs, agentes de transformação e desenvolvimento sociopolítico e econômico do país.

1 POLÍTICAS PÚBLICAS: A IGUALDADE DE GÊNERO COMO PREMISSA

Dentro do enfoque da necessária proteção aos setores vulneráveis da sociedade, merece lugar de destaque a abordagem das políticas públicas sob a dimensão de gênero, que veio ao lume na esteira da dinâmica atuação das mulheres em suas mobilizações e embates contra a discriminação, opressão e preconceito, com o rompimento de persistentes amarras sociais, políticas, econômicas e culturais que representaram a sua exclusão dos cenários públicos e/ou decisórios durantes longos e penosos anos.

Conforme demonstra Martin (2005), mesmo tendo superada a etapa da reivindicação de normas que coibissem a discriminação feminina, as mulheres ainda encontram obstáculos quanto a paridade com o homem em sentido pleno, eis que os desafios se perpetuam, estando hoje situados no âmbito da igualdade de fato. Tendo em vista que a igualdade legal entre homens e mulheres, embora proporcione maiores ferramentas na luta contra a discriminação, é insuficiente para garantir efetiva igualdade de oportunidades em todos os sentidos da vida - seja na seara econômica, social, política, jurídica, trabalhista e familiar –, deve-se buscar, dentre outros meios, a implementação de ações positivas com o intuito de corrigir as disparidades que ainda se fazem tão presentes.

Em se tratando desse conjunto de ações, Boneti (2011, p.17) aponta as "políticas públicas como as ações que nascem do contexto social, mas que passam pela esfera estatal como uma decisão de intervenção pública numa realidade social", provocando o (re)direcionamento de operações e investimentos, com a definição de rumos e metas a efetivar em áreas prioritárias, com o objetivo de transformar a realidade numa dimensão de futuro, não apenas momentâneo, e que, portanto, não restringe a análise das políticas públicas ao ponto de vista orçamentário.

Avançando no campo específico das políticas públicas, Schmidt sublinha que, dentre as questões mais latentes e atuais na agenda social e política, encontram-se os temas do desenvolvimento e da inclusão social. Nesse passo, o autor traz à baila a concepção de que as políticas públicas devem ser instrumentos norteadores da ação estatal, servindo para amenizar os efeitos de um problema característico dos regimes democráticos, qual seja a descontinuidade administrativa resultante da renovação periódica dos gestores, o que, no mais das vezes, acarreta "o abandono das diretrizes vigentes e a criação de outras, bastante distintas e não raro contraditórias em relação às anteriores, gerando desperdício de energia política e recursos financeiros" (SCHMIDT, 2008, p.2312).

Referindo-se especificamente ao Brasil, Mello e Marques (2019, p. 50) enfatizam "a frágil sustentabilidade de ações de incorporação da agenda de equidade de gênero no âmbito do arranjo governamental", ao passo que Schmidt (2008) reitera a importância dos esforços no sentido de promover a continuidade das políticas públicas, seja através de legislações específicas, bem como a adoção de abordagens mais técnicas, com a ampliação da participação de todos os segmentos sociais na formulação destas.

Nessa mesma vertente, Inojosa (2001) explora a compreensão da intersetorialidade nas políticas públicas enquanto articulação dialógica de saberes e experiências com a finalidade de impulsionar o desenvolvimento social e reverter a exclusão social, chamando atenção para o fato de que o aparelho governamental tem uma visão isolada, sem considerar as características socioeconômicas e culturais que singularizam os grupos.

Não há um olhar por parte do estado - "essa pirâmide fatiada"- para as necessidades dos grupos populacionais, para as "vulnerabilidades e oportunidades que os identificam", segue provendo itens isolados, numa "leitura míope do conceito de universalização", tampouco se vislumbra a prática da avaliação de resultados, segue dando bolsas, auxílios, numa atuação que não permite superar a exclusão social, tampouco promove efetivamente o desenvolvimento social (INOJOSA, 2001, p. 104).

Ilustra tal condição a assertiva de Costa (2013, p. 198), evidenciando que somente na última década as políticas de gênero forma priorizadas, haja vista que até pouco tempo as mulheres eram detentoras de parcos direitos e, em tempos mais distantes, sequer eram consideradas "indivíduos". A autora pondera ainda a importância das fases pelas quais se processam as políticas públicas, desde sua elaboração, implementação e, a mais importante fase, da avaliação, definindo a importante relação com a transversalidade:

> Nessa perspectiva, as políticas públicas não devem ser entendidas como programas que se dividem por setores de acordo com as necessidades do Estado, ao contrário, elas devem estar constantemente interligadas e serem compreendidas a partir da própria construção de instituição e de processos políticos, os quais estão intimamente interligados com todas as questões que regem uma sociedade. (COSTA 2013, p. 199-200).

Cabe destacar que a ideia de transversalidade já se propagava há mais de vinte e quatro anos atrás - na IV Conferência Mundial sobre a Mulher -, realizada em Beijing, em 1995, representando um importante marco histórico para o movimento das mulheres na medida em que chamou a responsabilidade dos governantes sobre a desigualdade de gênero, apontando como estratégia a incorporação pelos Estados do princípio conhecido como transversalidade de gênero - *gender mainstreaming* -, que prevê a incorporação da concepção de gênero nas organizações e em todas as áreas de políticas públicas, com a finalidade de melhorar as condições de vida e o status das mulheres (LISBOA, 2010).

É nesse sentido que se define a estratégia da transversalidade de gênero nas políticas públicas, mediante a elaboração de uma matriz "que permita orientar uma nova visão de competências (políticas, institucionais e administrativas) e uma responsabilização dos agentes públicos em relação à superação das assimetrias de gênero, nas e entre as distintas esferas do governo". Dessa forma, se proporcionaria "uma ação integrada e sustentável [...] o aumento da eficácia das políticas públicas, assegurando uma governabilidade mais democrática e inclusiva em relação às mulheres" (BANDEIRA, 2005, p. 05).

Certo é que a perspectiva da transversalidade demanda uma conjugação de saberes que se interpenetram, tendo em mira ações integradas de intervenção, gestão e articulação de instâncias governamentais e agentes públicos, congregando movimentos e atores sociais, com o escopo de garantir que o recorte de gênero avance e se consolide enquanto mecanismo de superação das assimetrias, constituindo diretriz norteadora das demais políticas públicas.

Quanto ao papel dos gestores, em uma sociedade que se vê diversificada e complexa, para que estas ações surtam efeitos positivos e transformadores, "é preciso que os atores políticos demonstrem capacidade não só para diagnosticar e analisar a realidade social, econômica e política em que vivem, mas também para interagir e negociar de forma democrática com os diferentes atores envolvidos no processo" (RODRIGUES, 2010, p. 25).

Escoltando essa linha de raciocínio, Schmidt (2008, p. 2309-2310) adverte que "a análise das políticas públicas não pode ser feita de forma fragmentada nem isolada do diagnóstico mais geral sobre os rumos do Estado e da sociedade", pois as políticas não são uma espécie de setor ou departamento com vida própria, são frutos da política, inteligíveis à luz das instituições e dos processos políticos, que permeiam questões mais gerais da sociedade.

Atentando-se ao contexto brasileiro e seu histórico de exclusão social, Farah (2004) rememora que somente no final dos anos 1970 o campo de estudos de gênero consolidou-se, em resposta ao fortalecimento do movimento feminista no país, sendo que a incorporação da perspectiva de gênero nas políticas públicas e programas governamentais constituía uma lacuna a ser superada. Sob o impacto dos movimentos sociais, as primeiras políticas públicas com recorte de gênero foram implantadas somente na década de 80, tendo a mobilização das mulheres importantes reflexos no texto da Carta Constitucional de 1988.

Logo, a trajetória da incorporação do enfoque de gênero na agenda estatal é resultado do processo de democratização do país, o qual significou o protagonismo de novos atores no cenário político com a inserção desses emergentes temas na agenda pública, considerando que os movimentos sociais que participaram da luta pela redemocratização tinham as mulheres como integrantes fundamentais – inserindo-se como sujeitos políticos -, tendo em vista que "a história destes movimentos é também a da constituição das mulheres como sujeito coletivo, tornando públicos temas até então confinados à esfera privada" (FARAH, 2003, p. 3-4).

Sob essa moldura, há que se considerar a falsa dicotomia que permeia o trato da conversão das demandas femininas às políticas públicas, sendo importante que se compreenda a distinção entre políticas de gênero e políticas públicas para as mulheres. Tal questão é bem ponderada por Lisboa (2010), referindo que as políticas para mulheres, a despeito de serem direcionadas para elas, acabam por enfatizar o papel dessas enquanto responsáveis pela educação dos filhos, afazeres domésticos e cuidados com os familiares, o que por vezes contribui para a reprodução e manutenção do sistema de desigualdades vigente, sem, no entanto, desconsiderar a importância das mesmas.

Explorando as relações estabelecidas entre os papeis generificados, a divisão sexual e moral do trabalho "entre razão (masculina) e sentimento/afetividade (feminino) " (MELLO; MARQUES, 2019, p. 17), e a dificuldade de ascensão feminina a postos de trabalho, percebe-se que

> A invisibilização do trabalho não remunerado, desempenhado majoritariamente por mulheres, a pior remuneração de postos associados a atividades de cuidado e a precariedade das condições de inserção produtiva de mulheres em uma estrutura fortemente marcada pela divisão sexual do trabalho e pela falta de políticas voltadas para o apoio às atividades de cuidado, são exemplos de como aspectos compreendidos como parte do "mundo feminino" e restrições de acesso das mulheres a bens materiais e simbólicos estão relacionados (MELLO; MARQUES, 2019, p. 18).

De outra banda, segundo destaca Lisboa (2010), ao incorporarem o conceito de gênero e discutirem suas implicações na promoção de políticas públicas, vem ao campo de intervenção tanto os conflitos que perpassam as relações entre homens e mulheres como também as desigualdades (re)produzidas culturalmente, ancoradas no discurso das diferenças biológicas. Assim sendo, tal posicionamento não configura uma oposição às políticas para as mulheres, mas a afirmação de que as políticas específicas, que atuam de maneira mais pontual, geralmente não contemplam as possibilidades de transformação das visões tradicionais sobre o feminino, não devendo, portanto, excluir as políticas de gênero, ou seja, são questões que devem ser tratadas de forma conjunta e complementar.

Traçando uma teia de relações entre as políticas e programas que incorporam a questão de gênero, Farah (2003) também identifica duas vertentes na agenda de gênero: uma vê a mulher a partir de sua função na família, salientando que as políticas públicas devem "investir" nas mulheres, devido ao efeito multiplicador que tal ação pode ter sobre a família e sobre a sociedade como um todo, a exemplo da área da saúde com foco no eixo materno-infantil. Outra vertente ancora-se na extensão de direitos a novos segmentos da população e pela inclusão destes na esfera do atendimento estatal, tratando das garantias de ampliação do espaço da cidadania, como as ações de combate à violência contra a mulher, linha que tem se mostrado hegemônica na agenda dos movimentos de mulheres.

Nesse contexto, importa registar a visão de Soares (2004), confirmando que gênero é um termo relacional que alcunha a interação entre o masculino e o feminino, de extrema importância para o entendimento da realidade em que se insere a temática das políticas públicas, eis que contempla tanto os homens como as mulheres. O conceito de gênero é uma importante categoria de análise, não obstante configure apenas uma parte da complexa construção social de identidade, hierarquia e diferença.

Sob esse viés, há de se considerar que as políticas voltadas para construção da igualdade são ações positivas que direcionam seu foco para as mulheres, com o intuito de reforçar as vozes e a organização dos movimentos que problematizam e buscam a melhoria da sua condição de cidadã, pautada numa relação dialógica com toda sociedade enquanto parceira na urgência do rompimento de preconceitos e discriminações ainda vigentes no cotidiano. Conforme referem Dias e Costa (2013, p.62), gênero é um conceito em constante formação, "ao mesmo tempo em que a assunção de responsabilidades participativas da mulher na pós-modernidade fazem-se cada vez mais fortes, mantendo acesa a chama do movimento feminista, em prol de uma sociedade mais justa e igualitária".

Nesse norte, Corrêa (2011) também salienta que o termo gênero percorreu as inúmeras trajetórias e usos, haja vista que não é apenas uma medida de diferenciação, trata-se de uma ferramenta para pensar criticamente as concepções de masculino e feminino, assim como as relações entre esses dois termos que dão significado e materialidade a permanências e transformações das lógicas socioculturais.

O conceito de gênero já era usado em estudos nos anos 70, entretanto, somente nos anos 90 foi transportado para o âmbito das políticas públicas, circulando em textos do sistema ONU, contando com aportes das teorias feministas e da antropologia social. De tais investimentos resultou uma moldura teórica que concebe o masculino, o feminino e a sexualidade como construtos socioculturais, contestando concepções essencialistas – provenham elas das doutrinas religiosas ou dos discursos científicos – que definem os homens, as mulheres e o sexo como "naturalmente determinados". Para tanto, se vale dos ensinamentos de Joan Scott, sustentando que gênero é a organização social da diferença sexual, retoma, aprofunda e aprimora a crítica inaugurada por Simone de Beauvoir, em "O segundo sexo", através da contestação da "anatomia como destino" (CORRÊA, 2011, p. 341).

Nessa quadra histórica, em solo brasileiro, a Constituição Federal de 1988 representou o marco político, institucional e jurídico que reordenou todo o sistema brasileiro e impôs a adequação de todas as normas legais aos parâmetros dos direitos humanos, voltadas para a regulamentação e promoção de direitos e garantias individuais e sociais, através de uma vasta produção normativa nacional, em paralelo ao ciclo das conferências internacionais das Nações Unidas que estavam a fortalecer a luta dos movimentos sociais, em especial dos movimentos de mulheres, como bem destacam Pitanguy e Barsted (2011).

Sob essa perspectiva, embora positivados e respaldados no imperativo que prevê o respeito aos direitos humanos, os direitos das mulheres esbarram na efetiva possibilidade de exercício, eis que,

> Admitir o fato não significa que os problemas referentes à discriminação, opressão e abuso das mulheres tenha sido significativamente reduzida. Na verdade, embora a discriminação legal tenha, de certo modo, diminuído e a tendência seja que o mercado de trabalho venha a se equalizar à medida que o nível de educação da mulher aumenta, a violência interpessoal e o abuso psicológico tem-se expandido, justamente em virtude da ira masculina, tanto individual quanto coletiva, ante a perda de poder (CASTELLS, 2008, p. 170-171).

Nessa trilha, Boff (2011, p. 29) reforça que a pouca inserção da mulher nos espaços públicos deve-se ao desinteresse masculino em dividir o poder, a exemplo da minguada participação feminina nos pleitos eleitorais, atribuindo tal fato a reprodução de uma cultura que preconiza a manutenção das mulheres à distância dos assuntos públicos e políticos, tanto que o direito ao voto feminino foi tardiamente reconhecido no Brasil.

Segundo Mello e Marques (2019, p. 15), fazem parte dos desafios atribuídos a esfera pública "a importância de protagonizar a discussão sobre as condições reais de inclusão produtiva das mulheres – considerando-se aspectos como desigualdade salarial e acúmulo de funções sob a forma de dupla ou tripla jornada de trabalho", bem como o entendimento de que a falta de uma "política do cuidado estruturada contribui para reforçar estereótipos de gênero e aprofundar as consequências da divisão sexual do trabalho sobre as possibilidades de melhoria de vida das mulheres".

Como visto, a temática em tela apresenta diferentes e profícuas abordagens que convergem a um só plano: a defesa dos direitos das mulheres, em muito solapados em nome da prevalência de interesses hegemônicos que reforçam a hierarquia de gêneros. É através de um efetivo processo de conscientização e permanente luta por uma percepção inclusiva de suas causas que as mulheres trilham o caminho de superação de arraigados processos de estigmatização e discriminação social, encontrando nas políticas públicas a possibilidade de abordagem conjunta e transversal dessa problemática, conforme se expõe na sequência.

2 DESAFIOS QUE ESTÃO POSTOS: A CONTRIBUIÇÃO DAS POLÍTICAS PÚBLICAS EDUCACIONAIS

"Quem não se movimenta, não sente as correntes que o prendem"

Rosa Luxemburgo

No dizer enfático de Pessoa (2013), o tratamento da mulher em posição de inferioridade se manifesta desde a antiguidade, atravessou o medievo, a idade moderna e chegou à contemporaneidade. Logo, as formas de enfrentamento com vistas à superação de tal realidade é o desafio que se impõe.

Num recorte histórico-temporal, destacando a mistura de concepções jurídicas e culturais vigentes, Pereira (2005) rememora que, por força da divisão sexual do trabalho, a mulher foi relegada aos limites do lar, sendo que ao homem foi dado desempenhar o papel de provedor, ficando a criação e educação dos filhos intrinsecamente relacionados à figura materna, daí a origem do ideal de domesticidade reforçado por séculos na sociedade.

Até o final do século XIX, bem poucas mulheres tinham aprendido a ler e a escrever, anteparando a tarefa investigativa quanto ao mundo em que se encerravam pela simples inexistência de escritos pessoais. Retratando tal período, Hahner (2003, p. 24) traz à baila uma quadrinha popular, definindo o que as mulheres deviam ou não aprender para cumprir seu papel principal na sociedade e nela atuar: "Menina que sabe muito é menina atrapalhada, para ser mãe de família, saiba pouco ou saiba nada".

Em referência ao confinamento das mulheres ao espaço doméstico e silenciamento de sua vida e seus saberes,

Rosa (2012) frisa que, por muito tempo no Brasil, a educação foi destinada aos homens e considerada perigoso para as mulheres, tendo em vista que poderia colocá-las em posição semelhante à deles. As meninas não tinham acesso à escola e, quando tiveram, o currículo era diferenciado devido ao entendimento de que estas não "precisariam" do conhecimento que era oferecido aos meninos.

Eis que uma nova arquitetura familiar se desenhava com a contribuição de muitos fenômenos, tais como a quebra da ideologia patriarcal, a revolução feminista, redivisão sexual do trabalho e a evolução dos conhecimentos científicos, o que possibilitou a assunção de novos papéis na dinâmica familiar, como o compartilhamento do encargo de prover as despesas da casa, pois a mulher alocou-se no mercado de trabalho. Ao cabo do século XX, tal atitude estimulou o exercício de um papel ativo no âmbito doméstico por parte do homem, que se viu obrigado a rever antigos conceitos, posto que a verticalidade das relações cede lugar à busca de uma horizontalidade. Foi o marco evolutivo da Constituição de 1988 que subverteu os papéis tradicionalmente impostos e cominados aos sujeitos no grupo familiar, com a redefinição de deveres e posicionamentos (PEREIRA, 2005).

Assim sendo, é desde os anos 1980 que o movimento de mulheres no Brasil reivindica a elaboração e operacionalização por parte dos governos de políticas públicas tendo como foco as mulheres enquanto cidadãs, considerando que a crescente participação feminina no mercado de trabalho, na educação e nos espaços públicos vinha impulsionando essa demanda, criando novas exigências e desafios na elaboração e execução de políticas públicas (GODINHO, 2004).

Importa anotar o contraponto de Louro (2012, p.479), referindo que as mulheres nas salas de aulas brasileiras e nos espaços sociais, em suas vivências com homens, crianças e outras mulheres, viveram diferentes e intrincadas relações de poder, nas quais sofreram e exerceram poder. Logo, pensar a condição da mulher apenas como subjugadas empobrece em demasia a sua história, vez que, mesmo nos momentos em que tentaram "silenciá-las e submetê-las, elas também foram capazes de engendrar discursos discordantes e construir resistências, subverter comportamentos" e corajosamente avançar em suas conquistas.

Vários são os documentos que tratam dos direitos das mulheres enquanto direitos humanos, enfocando a igualdade de gêneros. Dentre os precursores, destaca-se o documento que traz os "Objetivos de Desenvolvimento do Milênio" das Nações Unidas (ODM) expostos no Relatório Nacional de Acompanhamento publicado pelo Instituto de Pesquisa Econômica Aplicada – Ipea – ainda em 2010, onde consta o objetivo de "promover a igualdade entre os sexos e a autonomia das mulheres" (BRASIL, 2010, p.7).

Gorczevcki e De Carli (2012, p. 25) recomendam que, na contemporaneidade, urge a adoção de práticas de ascensão do ser humano, com o desenvolvimento de políticas públicas de defesa dos direitos humanos, a fim de que não aconteça um retrocesso na efetivação de importantes direitos para o desenvolvimento do "sentir-se" humano, "sentir-se" completo e sujeito ativo de sua própria história.

Nesse contexto, não restam dúvidas de que o maior desafio do país nos próximos anos será transformar tais objetivos em uma realidade efetiva, considerando que o enfrentamento dessa provocação exige um esforço concentrado entre ações governamentais e sociedade civil com vistas à consolidação da agenda civilizatória e de direitos humanos contida nos Objetivos de Desenvolvimento do Milênio (ODM). O documento destaca ainda que, devido às configurações sociais e valores culturais presentes em nosso país,

> A escola continua reproduzindo os estereótipos de gênero que, em geral, impõem às mulheres uma posição subalternizada. Aliado aos demais elementos de socialização, o ambiente escolar contribui para que haja desde muito cedo uma grande segmentação do conhecimento por sexo. Com isso, moças e rapazes escolhem cursos diferentes, profissões diferentes e, em geral, as jovens acabam por ocupar espaços menos valorizados social e economicamente. Um dos indicadores dessa segmentação é a distribuição por sexo nos cursos superiores. O exame da proporção de mulheres e homens nos cursos superiores que concentram a maioria das matrículas revela que, apesar de algumas áreas já apresentarem mais equanimidade – como administração e direito, que concentram grande número de estudantes – ainda há áreas marcadamente femininas, como pedagogia, enfermagem e áreas da saúde em geral, e outras marcadamente masculinas, como engenharia e ciências da informação (BRASIL, 2010, p.57).

Dito isso, enveredando para o *locus* da educação escolar básica, tal conjuntura toma maiores proporções, tendo em vista que as instituições escolares apresentam, em maioria esmagadora, um quadro de estudantes e profissionais formado por mulheres, reiterando a informação acima consignada, extraída do relatório da realidade brasileira, informando que a área do cuidado permanece uma das carreiras tradicionalmente acessadas pelas mulheres, com paulatino crescimento nas demais áreas, ainda muito dominadas por homens.

Dessa forma, evidencia-se a importância da educação para consolidação do exercício de direitos e construção da autonomia individual e coletiva desta expressiva fatia da população, bem como para o desenvolvimento socioeconômico do mundo moderno, condição que já é reconhecida internacionalmente. Em suma, pode-se afirmar que a igualdade de gênero e a participação ativa das mulheres em todas as esferas da vida social, econômica e política são essenciais para o desenvolvimento das sociedades modernas, um pacto em prol de uma verdadeira democracia:

> As desigualdades entre os gêneros estruturam diferentes graus de discriminação das mulheres, as excluem da participação em dimensões fundamentais da vida em sociedade e restringem sua liberdade para exercer plenamente os seus direitos humanos fundamentais. No mundo, há cada vez mais consenso que mulheres com saúde, escolaridade e autonomia incidem positivamente na produtividade econômica, na educação das gerações futuras e na construção de uma cultura de paz (BRASIL, 2007, p.20-21).

Por sua vez, Sen (2000), afirma que, na atualidade, o desenvolvimento de muitos países está diretamente ligado ao ganho de poder das mulheres, comprovado em fatores como a educação, padrão de propriedade, além do acesso a oportunidades de emprego e o funcionamento do mercado de trabalho, reiterando que "a condição de agente das mulheres é um dos principais mediadores da mudança econômica e social" (SEN, 2000, p. 235).

Em uma abordagem das ações de empoderamento enquanto estratégias de inclusão social, Schmidt (2006, p. 1774), apresenta essa nova concepção de poder como uma transformação atitudinal, de capacitação de grupos sociais desfavorecidos através da "articulação de interesses", numa participação que lhes facilita "o acesso e controle de recursos disponíveis", a fim de que possam levar uma vida "autodeterminada e auto-responsável". Porquanto participantes dos processos políticos e decisórios, as pessoas têm a oportunidade de se tornarem protagonistas da sua própria história, sujeitos do seu futuro conceito plenamente aplicável ao atual posicionamento das mulheres, que tomam nas mãos o comando de suas vidas, deixando de ser objetos das iniciativas de outros.

Gorczevski (2012) frisa que a educação é um pressuposto para a emancipação dos sujeitos, ferramenta capaz de promover sua constante autonomia e libertação. Ademais, tratando das políticas educacionais, Mello e Marques (2019, p. 47) destacam a necessidade de articulação com a saúde e assistência social, visando suprir as demandas do público feminino, além de aspectos que dificultariam a permanência feminina nos cursos, como: "dificuldade em conciliar os cursos com questões familiares: situações de violência doméstica, eventuais problemas de saúde, cuidados com os filhos, atividades laborais ("bicos", procura por emprego), entre outros", inclusive as "situações de constrangimento social em frequentar o espaço dos cursos ou dificuldades no acompanhamento do conteúdo em razão de baixos níveis de escolaridade", fatores de grande entrave à profissionalização feminina.

Essa constatação, também contemplada nos Objetivos de Desenvolvimento do Milênio das Nações Unidas, mobilizou um conjunto de ações, tendo como meta a eliminação das disparidades entre os sexos através da educação, a exemplo do movimento de mulheres, que desde seus primórdios, voltou seu olhar ao processo educacional, com o intuito de explicar como são produzidas as desigualdades entre homens e mulheres, entendendo-o com importante veículo de mudança da sociedade.

CONSIDERAÇÕES FINAIS

O presente artigo buscou demonstrar a importância de uma percepção inclusiva de gênero, que prevê a transversalidade das políticas públicas em todos os setores da gestão estatal. Nessa ampla moldura, é de grande relevância o alinhamento das políticas públicas com viés de gênero, para que se alcance valorosos avanços na incessante busca pela realização dos direitos das mulheres, laborando em favor de relações mais igualitárias.

É sabido que, sem o reconhecimento das singularidades, respeito e valorização do outro enquanto sujeito detentor dos mesmos direitos, não há como promover a igualdade de gênero. Nesse espaço é que a educação se impõe como uma imprescindível ferramenta de (re)estruturação de uma sociedade que se quer mais justa e democrática, trilhando um caminho de parceria na superação de preconceitos e efetivação dos direitos humanos.

Nessa travessia, em meio ao secular processo de dominação e intensa demarcação dos espaços masculinos, condição que imprimia alto grau de invisibilidade à figura feminina, é inegável o fato de que, dentre muitas e sofridas conquistas, no âmbito da educação, as mulheres galgaram espaço, com significativa e preponderante atuação, tanto na dimensão familiar, social e escolar. Em contrapartida, quanto mais avança o processo de emancipação feminina, mais os homens necessitam aprender a lidar com a nova realidade, tendo em vista que as masculinidades não podem mais ser direcionadas ao domínio das mulheres, razão pela qual as políticas públicas devem contemplar o viés de gênero.

Com efeito, as questões de gênero são objeto de políticas públicas que já integram as agendas governamentais, porém ainda carentes de maiores investimentos e efetividade. Nesse contexto, a transversalidade das políticas públicas de gênero, conjugadas às demais políticas e ações focalizadas na mulher, apresentam um maior potencial de aderência, traduzindo-se na necessária promoção de ações pedagógicas que abordem as feminilidades e masculinidades, oportunizando espaço para a emancipação e engajamento de todos os atores sociais no trabalho de construção da cidadania.

Contudo, há de se considerar que a educação - de maneira isolada - não representa uma solução para todas as mazelas sociais da contemporaneidade. No que tange ao enfrentamento das desigualdades de gênero, compete este (re)direcionamento das políticas vigentes num eixo de transversalidade em relação aos outros setores, como a assistência à saúde, creches e acesso ao trabalho, mediante ações afirmativas capazes de promover a inclusão social das mulheres.

Na esteira da projeção das mulheres na seara pública, exsurge a demanda por maior qualificação e conhecimento, o que implica nível educacional, especialmente para que possam se apropriar dos códigos e saberes necessários a uma efetiva e consciente participação em espaços decisórios, laborais e de poder, reafirmando a importância de sua atuação enquanto agentes de transformação e desenvolvimento sociopolítico e econômico das sociedades.

Por conseguinte, a intervenção estatal mais abrangente que se pode operar em tais circunstâncias reside no âmbito da educacão, onde as mulheres têm buscado aporte e obtido avanços de maneira crescente e contínua, com significativos resultados que se refletem na ampliação do acesso aos bens culturais e níveis mais elevados de ensino, num processo de conquista de autonomia e acesso ao mundo do trabalho, independentemente de sua raça ou classe social. Nesse cenário que se descortina, na luta para que não o ocorram retrocessos em relação aos direitos conquistados, resta configurada a educação, a arma do conhecimento, como meio fundamental para o desmonte das desigualdades de gênero, sociais, raciais, étnicas e de orientação sexual.

REFERÊNCIAS

BANDEIRA, Lourdes. **Fortalecimento da secretaria especial de políticas para mulheres**: avançar na transversalidade da perspectiva de Gênero nas Políticas Públicas. Brasília: CEPAL/ SPM, Jan. 2005.

BOFF, Salete Oro. **O gênero no tempo**: reflexões a respeito da inserção e da igualdade da mulher na sociedade. In: BOFF, Salete oro. (Org.) *Gênero: discriminação e reconhecimento.* Passo Fundo: IMED, 2011.

BONETI, Lindomar Wessler. **Políticas públicas por dentro**. 3 ed. rev.Ijuí: Unijuí, 2011.

BRASIL. **Objetivos de Desenvolvimento do Milênio**: Relatório Nacional de Acompanhamento. Brasília: Ipea, 2010.

BRASIL. Ministério da Saúde. **Plano integrado de enfrentamento da feminização da epidemia de Aids e outras DST**, 2007. Disponível em:<. http://bvsms.saude.gov.br/bvs/publicacoes/plano_feminizacao_final.pdf> Acesso em: 20 set. 2019.

CASTELLS, Manuel. **O poder da identidade**. São Paulo: Paz e Terra, 2008. (A era da informação: economia, sociedade e cultura; v 2).

CORRÊA, Sonia. O conceito de gênero: teoria, legitimação e usos. In: BARNSTED, Leila Linhares; PITANGUY, Jacqueline.

(Orgs.). **O Progresso das Mulheres no Brasil 2003-2010**. Rio de Janeiro: CEPIA; Brasília: ONU Mulheres, p. 339-344, 2011.

COSTA, Marli Marlene Moraes. A transversalidade das políticas públicas na perspectiva de gênero. In: COSTA, Marli Marlene Moraes; LEAL, Mônia Clarissa Henning (orgs.). **Direitos sociais e políticas públicas**. Santa Cruz do Sul: EDUNISC, 2013. p. 193-216.

DIAS, Felipe da Veiga; COSTA, Marli Marlene Moraes da. **Sistema punitivo e gênero**: uma abordagem alternativa a partir dos direitos humanos. Rio de Janeiro: Lumen Juris, 2013.

FARAH, Marta Ferreira Santos. **Políticas públicas e gênero**. 2003. Disponível em <http://ww2.prefeitura.sp.gov.br//cidadania/conselhos_e_coordenadorias/coordenadoria_da_mulher/Politicas_Genero_2.pdf> Acesso em 30 set. 2019.

FARAH, Marta Ferreira Santos. **Gênero e Políticas Públicas**. Escola de Administração de Empresas de São Paulo da Fundação Getúlio Vargas. Revista Estudos Feministas. Florianópolis, janeiro-abril 2004. Disponível em:. https://periodicos.ufsc.br/index.php/ref/article/view/8625/0. Acesso em 30 jul 2019.

GODINHO, Tatau. Construir a igualdade combatendo a discriminação. In: GODINHO, Tatau; SILVEIRA, Maria Lúcia da (Orgs.). **Políticas públicas e igualdade de gênero**. São Paulo: Prefeitura Municipal/Coordenadoria Especial da Mulher, 2004.

GORCZEVSKI, Clovis; DE CARLI, Patrícia. Do direito fundamental à liberdade: o grito dos direitos humanos frente às diversas facetas da escravidão na complexa sociedade contemporânea. In: GORCZEVSKI, Clovis; LEAL, Mônia Clarissa Henning (Orgs). **Constitucionalismo Contemporâneo**: novos desafios. Curitiba: Multideia, 2012.

HAHNER, June Edith. **Emancipação do sexo feminino**: a luta pelos direitos da mulher no Brasil, 1850-1940. Florianópolis: Ed. Mulheres; Santa Cruz do Sul: EDUNISC, 2003. Tradução de Eliane Lisboa.

INOJOSA, Rose Marie. **Sinergia em políticas e serviços públicos**: desenvolvimento social com intersetorialidade. Caderno Fundap, n. 22, 2001, p. 102-110.

LISBOA, Teresa Kleba. **Políticas públicas com perspectiva de gênero** - afirmando a igualdade e reconhecendo as diferenças. Anais Fazendo Gênero 9: Diásporas, Diversidades, Deslocamentos, 23 a 26 de agosto de 2010.

LOURO, Guacira Lopes. Mulheres na sala de aula. In: PRIORE, Mary Del; PINSKY, Carla Bassanezi. **História das mulheres no Brasil**. 10 ed. São Paulo: Contexto, 2012, p. 443-479.

MARTÍN, Núria Belloso. **Os novos desafios da cidadania**. Tradução: Clóvis Gorczevski. Santa Cruz do Sul: Edunisc, 2005.

MELLO, Janine; MARQUES, Danusa. **Elementos para uma tipologia de gênero da atuação estatal: visões do estado sobre as mulheres e políticas públicas no Brasil.** Texto para discussão. Brasília: Ipea. Instituto de Pesquisa Econômica Aplicada, 2019.

PESSOA, Adélia Moreira. Direitos da mulher: da norma à realidade. **Boletim IBDFAM,** Publicação oficial do Instituto Brasileiro de Direito de Família. Porto Alegre, nº 74, janeiro/fevereiro 2013.

PEREIRA, Rodrigo da Cunha. **Princípios Fundamentais Norteadores para o Direito de Família.** Belo Horizonte: Del Rey, 2005.

PITANGUY, Jacqueline; BARSTED, Leila Linhares. Um instrumento de conhecimento e de atuação política. In: PITANGUY, Jacqueline; BARSTED, Leila Linhares (Orgs.). **O Progresso das Mulheres no Brasil 2003–2010**. Rio de Janeiro: CEPIA; Brasília: ONU Mulheres, 2011.

RODRIGUES, Marta M. Assumpção. **Políticas Públicas**. São Paulo: Publifolha, 2010.

ROSA, Graziela Rinaldi da. **As relações de gênero na filosofia.** Santa Cruz do Sul: EDUNISC, 2012.

SCHMIDT, João Pedro. Para entender as políticas públicas: aspectos conceituais e metodológicos. In: REIS, J.R.; LEAL, R.G. (Orgs.) **Direitos sociais e políticas públicas**: desafios contemporâneos. Tomo 8. Santa Cruz do Sul: Edunisc, 2008,

p. 2307-2333.

SCHMIDT, João Pedro. Exclusão, inclusão e capital social: o capital social nas ações de inclusão. In: LEAL, R.G.; REIS, J.R (Org.) **Direitos sociais e políticas públicas 6**. Santa Cruz do Sul: Edunisc, 2006, p. 1755-1786.

SEN, Amartya. **Desenvolvimento como liberdade**. Tradução: Laura Teixeira Motta. São Paulo: Companhia das Letras, 2000.

SOARES, Políticas públicas para igualdade: papel do Estado e diretrizes. In: GODINHO, Tatau; SILVEIRA, Maria Lúcia da (Orgs.). **Políticas públicas e igualdade de gênero**. São Paulo: Prefeitura Municipal/Coordenadoria Especial da Mulher, 2004.

A SAÚDE INTEGRAL DA CRIANÇA E DO ADOLESCENTE E A (IM)POSSIBILIDADE DA DISFORIA DE GÊNERO NA INFÂNCIA

Bianca Trindade Silveira[1]

Letícia Thomasi Jahnke Botton[2]

1 Acadêmica do nono semestre do Curso de Direito da Universidade Luterana do Brasil – Campus Santa Maria. Integrante do Grupo de Pesquisa "Direitos Fundamentais, Direitos Humanos e Direitos Especiais" (ULBRA), registrado pelo CNPq.

2 Doutora em Direito na Universidade de Santa Cruz do Sul - UNISC, com Bolsa CAPES, na linha de pesquisa Diversidade e Políticas Públicas. Mestre em Direito da Universidade Regional Integrada do Alto Uruguai e das Missões - Campus Santo Ângelo, na linha de pesquisa de Direitos Especiais, com bolsa institucional. Especialista em Direito Processual Civil: Visão Atual, Novas Perspectivas, pela Universidade Luterana do Brasil - ULBRA (2012). Especialista em Direito Civil com Ênfase em Família, Sucessões e Mediação, pela Universidade Luterana do Brasil - ULBRA (2012). Professora Adjunta do Curso de Graduação em Direito na Universidade Luterana do Brasil - Campus Santa Maria. Professora da Especialização em Direito Médico e da Saúde - ULBRA. Professora colaboradora do Programa de Pós-Graduação - Mestrado em Promoção da Saúde, Desenvolvimento Humano e Sociedade - ULBRA. Líder do Grupo de Pesquisa "Direitos Fundamentais, Direitos Humanos e Direitos Especiais" (ULBRA), registrado pelo CNPq.
E-mail: leticia.thomasi@hotmail.com.

CONSIDERAÇÕES INICIAIS

A compreensão da criança como sujeito de direito consiste em uma ótica, considerada recente, no Brasil. Essa compreensão está ancorada na proteção integral dos interesses das crianças e dos adolescentes, que está prevista constitucional e infraconstitucionalmente. A Constituição Federal de 1988 e a Lei 6089/1990, também conhecida como Estatuto da Criança e do Adolescente trouxeram a perspectiva da proteção ampla e abrangente, salvaguardando o melhor interesse da criança. A responsabilidade de perfectibilização é conjunta, ou seja, da família, da sociedade e do Estado.

Considerando tamanha proteção, sabe-se a vida é o bem jurídico mais precioso e com ela alguns direitos integram esse sistema protecional, sendo a saúde em sua amplitude e complexidade, um desses direitos. As faces física, mental, emocional e social, por exemplo, integram o conceito de saúde e nesse sentido a temática abordada nesse estudo é a relação da saúde das crianças e a possibilidade de disforia de gênero.

Embora mais referenciado nos últimos anos, as expressões sexo, gênero e identidade, principalmente, causam algumas confusões conceituais, tendo em vista que não são sinônimas. E a disforia de gênero a vontade e a identificação de querer viver e ser reconhecido com o sexo oposto ao seu de nascimento. Questiona-se, nesse sentido, se é possível identificar a disforia de gênero ainda na infância?

Hipoteticamente, a resposta desse questionamento pode apontar para possibilidade de identificação, observando os comportamentos e preferências da criança, com um acompanhamento de uma equipe multidisciplinar especializada nessa área. As primeiras percepções ocorrem no seio familiar e ocorrendo, evitaria um processo, por vezes, traumático, que é a puberdade ligada ao sexo biológico.

O objetivo geral consiste em demonstrar a importância da abordagem e discussão sobre a disforia de gênero envolvendo crianças a fim de que o conhecimento sobre a evolução da ciências e pesquisa seja expandido à população. Nessa ótica, de forma específica, objetivou-se apresentar as diferenças dos conceitos básicos entre sexo, gênero e identidade, por exemplo. Ainda compreender a possibilidade ou não da disforia de gênero da infância e, por fim, demonstrar a importância da família, escola e sociedade na proteção dos direitos das crianças

1 RELACIONANDO CONCEITOS: SEXO, GÊNERO E IDENTIDADE

Na década de 60 em meio a criação e comercialização da pílula anticoncepcional, houveram muitos marcos históricos-sociais como a Guerra Fria, as revoltas estudantis em Paris, o início do movimento hippie e outros que surgiram para contestar problemáticas políticas ou sociais. Nesse período, ampliou-se a produção de conhecimento intelectual por conta de todas as dúvidas pertinentes ao que ensejou o contexto em que a sociedade se encontrava.

Com a análise de que a sociedade é composta por seres humanos social e politicamente construídos, o movimento feminista daquela geração apontou na direção da determinação do conceito sobre gênero. Atualmente, a caminhada por discussões mais aprofundadas com a existência de múltiplas definições é realidade plena. Além da conceituação sobre gênero, chama-se atenção para outras noções, como sexo, identidade e gênero como um cenário totalmente interligado.

Para conceituar *sexo* a compressão utilizada é a de que "a estrutura interna da genitália é composta pelas vesículas seminais, canais diferentes e próstata; enquanto nas mulheres, aparecem o útero, as trompas de falópio e o terço interno da vagina." (PERES, 2001, p.74). Sendo assim, o sexo está relacionado a questão biológica, a anatomia do sistema reprodutor da pessoa, a um conjunto de características que normalmente definem o ser em macho ou fêmea.

Biologicamente, a fêmea ou sexo feminino, possui o órgão sexual que possui como função a produção do óvulo, já o macho, ou sexo masculino, tem a genitália que auxilia na produção de espermatozoides e estes órgãos também referenciam aos hormônios que o corpo naturalmente produzirá. Existe, também, os intersexuais ou hermafroditas, que são aqueles que possuem os órgãos femininos e masculinos ausente ou simultaneamente presente.

Já o gênero, como dito anteriormente, é uma referência cultural, é a ideia de que todos os signos atribuídos ao sexo biológico já estão pré-determinados quando nascemos, conforme a célebre frase da filósofa de Beauvoir: "ninguém nasce mulher, torna-se mulher" ou seja, "nenhum destino biológico, psíquico ou econômico define a forma que a mulher ou a fêmea humana assume no seio da sociedade" (BEAUVOIR, 1980, p.9). Entende-se, desde modo, que a crítica vem ao encontro de que concepção de homem e mulher, de masculinidade e feminilidade já são pré estabelecidos socialmente, independente de consentimento, desde o momento que fomos concebidos.

Sob uma perspectiva construcionista, o gênero é algo histórico e não natural, que tem um peso ideológico na formulação de comportamentos, regras, representações, atribuições, um peso que a sociedade arca por não possuir cuidado nas divisões destes, contribuindo para desigualdades e submissões por conta do já estipulado involuntariamente. Conforme expõe a obra a historiadora Joan Scott:

> [...] gênero é igualmente utilizado para designar as relações sociais entre os sexos. O seu uso rejeita explicitamente as justificativas biológicas, como aquelas que encontram um denominador comum para várias formas de subordinação no fato de que as mulheres têm filhos e que os homens têm uma força muscular superior. O gênero se torna, aliás, uma maneira de indicar as "construções sociais" – a criação inteiramente social das ideias sobre os papéis próprios aos homens e às mulheres. É uma maneira de se referir às origens exclusivamente sociais das identidades subjetivas dos homens e das mulheres. O gênero é, segundo essa definição, uma categoria social imposta sobre um corpo sexuado. (SCOTT, 1989, p.7).

Se faz necessário apontar que a existência da identidade de gênero, de forma subjetiva e íntima, é como o ser se identifica, podendo não estar relacionada com o sexo que nasceu, mas sim com a percepção e o sentimento de pertencimento, para si e perante a sociedade. Sinteticamente, o gênero não é constatado a partir do biológico e, sim, através da perspectiva social, de como se expressar. (BUTLER, 2003) É possível haver uma constante construção e transformação do gênero pois se incorporam aqui, as relações sociais, adaptações e referências que estão até o presente momento em desenvolvimento, com isso nesta questão, existem distinções, formando complexas categorias.

Do princípio elucida-se que o gênero *binário*, representa a perspectiva da divisão de gênero, sendo homem ou mulher e o *não-binário* é o que não se identifica com masculino e feminino, opondo-se a definição comum e sendo análogo ao gênero *queer* que é aquele fora das normas de gênero, como algo próprio. Destaca-se o *transgênero e transsexual* por ser quem não se identifica com o sexo que nasceu e o seu gênero imposto não possuindo o mesmo significado. O indivíduo que se considera transexual é aquele que busca um reconhecimento social e, também, legal diverso ao sexo biológico (BENTO, 2008, p.44). Ou seja, uma mulher transexual é aquela que nasceu em corpo masculino e se transformou em corpo feminino dentro das possibilidades existentes através de intervenções cirúrgicas e hormônios.

Diferentemente do *cisgênero* que concorda com todos os aspectos referentes ao seu corpo e gênero. Mister ressaltar que a identidade de gênero não deve ser tratada como assunto conexo aos casos afetivos e sexuais que a pessoa possui, como explicita Judith Butler:

> E o caráter imutável do sexo é contestável, talvez o próprio construto chamado 'sexo' seja tão culturalmente construído quanto o gênero; a rigor, talvez o sexo sempre tenha sido o gênero, de tal forma que a distinção entre sexo e gênero revela-se absolutamente nenhuma. Se o sexo é, ele próprio, uma categoria tomada em seu gênero, não faz sentido definir o gênero como a interpretação cultural do sexo. (2003, p. 25)

Distingue-se, por fim, a orientação sexual, que refere-se a questões de atração e desejo, expressa por sentimentos, condutas e identificação, e assim como gênero, é algo historicamente determinado socialmente. Visto que a cultura ocidental é preponderantemente regida pela normativa que vai ao encontro da heterossexualidade, que indica a atração entre casais de sexos opostos, por influência de algumas estruturas religiosa, política e social.

A homossexualidade é orientação daqueles que gostam de pessoas do mesmo sexo, a bissexualidade envolve quem tem interesse por ambos os sexos. Sobre a assexualidade, conceito explicitado pela Asexuality Visibility and Education Network – AVEN, entende-se que a pessoa:

> não é atraída por pessoas sexualmente e não deseja agir de maneira sexual sobre a

> atração por outras pessoas. Ao contrário do celibato, que é uma opção de abster-se de atividade sexual, a assexualidade é uma parte intrínseca de quem somos, assim como outras orientações sexuais. A assexualidade não torna nossa vida pior ou melhor; apenas enfrentamos um conjunto diferente de necessidades e desafios do que a maioria das pessoas sexuais. Existe uma diversidade considerável entre a comunidade assexual nas necessidades e experiências frequentemente associadas à sexualidade, incluindo relacionamentos, atração e excitação. (AVEN, s.d.)

Já pela pansexualidade compreende-se como a atração que vai além do gênero e do sexo ou qualquer outro fator caracterizado anteriormente, possível assim o interesse por todos. Deste modo, percebeu-se que as expressões sexo, identidade de gênero e orientação sexual não são sinônimas e carregam consigo conceituação, características e replicações de diferentes ordens, sendo fundamentais para a estruturação biopsicossocial do ser humano. Essa temática já é bastante delicada quando abordada na fase adulta, contudo é possível falarmos dessa temática com relação às crianças.

2 A DISFORIA DE GÊNERO NA INFÂNCIA E A SAÚDE

Com os progressos nas percepções de identidade de

gênero e os avanços sobre o tema da transexualidade, a busca para alterações no corpo se tornou mais acessível, mas também a necessidade de alterar o modo das pessoas serem reconhecidas socialmente em perspectiva diversa ao seu sexo. E quando a temática, que já é delicada, principalmente a fatores emocionais e sociais, envolve a possibilidade de crianças não se identificarem, quanto ao gênero, com o sexo de nascimento?

Essas crianças são chamadas de transgêneros, ou seja, aquela que nasceu com um sexo (genitália feminina ou masculina), porém não de identifica com ele. Essa é uma abordagem extremamente delicada tendo em vista que envolve um indivíduo em plena explosão de desenvolvimento físico, psíquico, mental e social.

A temática é bastante discutida cientificamente sobre a possibilidade ou não de uma criança ter a compreensão necessária sobre não identificar seu gênero com seu sexo de nascimento ou simplesmente referir que não se vê com aquele determinado corpo. Para tanto, há grandes discussões na classe científica e profissional sobre a possibilidade de existirem crianças transgêneros ponderando que essa realidade só seria possível ser manifestada conscientemente com o avanço da idade, atrelada ao grau de compreensão e maturidade.

A exemplo dessa realidade existem percepções bastante polêmicas, que carregam discordâncias abissais de profissionais que estudam a saúde LGBT, saúde da criança e do adolescente, como a do Professor Paul Rodney McHugh que é psiquiatra e professor na Universidade Johns Hopkins. Ele acredita que o transgenerismo é uma doença mental e que os colegas médicos que promovem cirurgicamente a mudança de sexo contribuem para a evolução do quadro de desordem mental (MCHUGH, 2016).

Embora ainda se identifique manifestações nesse sentido, a Organização Mundial de Saúde oficializou, em Genebra, a 11º versão da Classificação Estatística Internacional de Doenças e Problemas de Saúde, o CID, que a transexualidade deixa de ser classificada como transtorno mental. Essa alteração de classificação foi alterada após 28 anos de classificação como transtorno mental, passando a compreender a transexualidade como incongruência de gênero. (CID 11, 2019)

Para avaliar se a criança é transgênero, são necessários acompanhamentos a longo prazo, justamente para compreender a realidade manifestada pela criança. Esses acompanhamentos documentam, através de conversas com as crianças e com os pais ou responsáveis a abordagem com os médicos, psicólogos e equipes multidisciplinares, listando os indícios.

Os apontamentos contemplam desde a vontade de utilizar trajes do sexo oposto ao que lhe é conferido, bem como o sofrimento ao ser obrigado a estereotipar o gênero que não é acolhido por sua identificação. Outras questões na ordem da saúde psíquica e mental como problemas de interação social, raiva, tristeza, ansiedade, depressão também podem ser notados.

Essa condição é classificada como Disforia ou Incongruência de Gênero e definida pela Sociedade Brasileira de Pediatria como um “desconforto ou sofrimento causado por uma discrepância entre a identidade de gênero de uma pessoa e seu sexo atribuído no nascimento” (SOCIEDADE BRASILEIRA DE

PEDIATRIA, 2017, p.3). É importante salientar que a Disforia de Gênero não é considerada um transtorno mental, contudo a não compreensão dela, pode causar severos prejuízos à saúde mental.

Com tal diagnóstico, existe a possibilidade da utilização de bloqueadores hormonais com o objetivo de fazer com que o corpo não produza os hormônios, próprios da puberdade, que produziria normalmente, em atenção ao sexo. A inibição hormonal pode acontecer com tratamento de injeção ou implante subcutâneo, com efeitos reversíveis, paralisando a puberdade e evitando que traços físicos e sexuais se desenvolvam em quem não os quer, como crescimento de pelos, mudança de voz ou aumento dos seios.

A Academia Americana de Pediatria lançou um documento intitulado como *Assegurando Assistência e Apoio Integral para Crianças e Adolescentes Transgêneros e Gênero-Diversos* em outubro 2018, como suporte ao tema. Assim como os Estados Unidos, outros lugares do mundo estão adequando políticas, atitudes e visões sobre essas pessoas que se encontram em situação de desenvolvimento.

Há os Princípios Yogyakarta (2007) que consistem em direcionamentos sobre a aplicação da legislação internacional de direitos humanos em relação à orientação sexual e identidade de gênero, que defende o padrão mais alto alcançável de saúde física e mental à todos. Inclui-se no padrão mais alto, a saúde sexual, ou seja, essa faz parte fundamental do direito à saúde, de forma que deve ser garantida pelo Estado, afastando qualquer tipo de discriminação de ordem sexual ou de gênero:

> [...] e) Assegurar que todas as pessoas sejam informadas e empoderadas para tomarem suas próprias decisões no que diz respeito ao atendimento e tratamento médicos, com consentimento realmente baseado em informações confiáveis, sem discriminação por motivo de orientação sexual ou identidade de gênero;
>
> g) Facilitar o acesso daquelas pessoas que estão buscando modificações corporais relacionadas à reassignação de sexo/gênero, ao atendimento, tratamento e apoio competentes e não discriminatórios (2007, p.24)

A importância do acompanhamento no desenvolvimento das crianças já é fundamental por si só. Um diagnóstico precoce de Disforia de Gênero pode evitar situações traumáticas às crianças, que poderiam causar estigmas no seu desenvolvimento por estarem relacionadas à sua saúde psíquica e mental. Ou seja, a identificação irá auxiliar na compreensão da família, pais, irmãos, avós, tios sobre a percepção que a criança tem de si.

O tratamento com hormônios, por se tratar de um meio para frear o desenvolvimento de características genéticas, como medida reversível deve ser ponderado, pois se não for administrada na fase adequada fará com que características secundárias se sobressaiam e tornem-se mais difíceis para modelagem adequada do corpo desejado. Porém, salienta-se que a utilização de hormônios deve ser sempre acompanhada e indicada por profissionais responsáveis pelo acompanhamento, ainda mais na fase da infância ou adolescência.

Para Antonio Becerra-Fernández, dentre as vantagens do tratamento hormonal reversível ainda na puberdade está a questão psicológica, com a eventual diminuição de problemas recorrentes nos jovens com disforia de gênero, como a depressão, fobias sociais, anorexias, ansiedades, risco de suicídio e outros distúrbios que podem afetar o desenvolvimento intelectual e social. Com a assistência desde cedo, além de uma boa avaliação médica, diminui-se angústias que poderiam aparecer com as mudanças naturais do corpo e posteriores intervenções com menos complexidade como a redução das mamas ou cirurgia maxilofacial. (BECERRA-FERNÁNDEZ, 2003)

Ainda que a criança não possua capacidade civil conforme a fixada por lei, deve ser considerado sua capacidade mental e intelectual que permite a ela escolha de vantagens ou desvantagens para si, acrescido do livre desenvolvimento da personalidade atrelado a aspectos de sua vida. O tratamento de supressão das características indesejadas reflete no bem-estar físico, mental e social da criança, pois requer-se atenção de uma equipe multidisciplinar para suporte e acompanhamento dela.

A Resolução nº 208, de 27 de outubro de 2009, do Conselho Regional de Medicina do Estado de São Paulo dispõe sobre o atendimento médico integral à população de travestis, transexuais e pessoas que apresentam dificuldade de integração ou dificuldade de adequação psíquica e social em relação ao sexo biológico em seus artigos 1º e 4º:

> Art.1º: Todo atendimento médico dirigido à população de travestis, transexuais e

> pessoas que apresentam dificuldade de integração ou dificuldade de adequação psíquica e social em relação ao sexo biológico, deve basear-se no respeito ao ser humano e na integralidade da atenção. (...) Art.4º: A indicação terapêutica deverá contar com a avaliação de equipe multiprofissional, com esclarecimento prévio sobre os riscos dos procedimentos e garantia do tratamento das eventuais intercorrências e efeitos adversos. (CREMESP, 2009)

O processo transexualizador no Brasil foi implantado no Sistema Único de Saúde (SUS) em 2008, pela Portaria nº 1.707/2008, do Ministério da Saúde que foi revogada pelas portarias nº 859/2013, 1.579/2013 e 2.803/2013, alterada em seu artigo 9º pela Portaria nº 2.736, de 09 de dezembro de 2014. A Portaria nº 859, de 30 de julho de 2013, previa a possibilidade de redução para 16 anos como a idade mínima do paciente da hormonioterapia, mas nisso teve seus efeitos suspensos já no dia seguinte, pela Portaria nº 1.579, de 31 de julho de 2013 e, posteriormente, pela nº 2.803/2013.

Sendo através da Defensoria Pública do Estado de São Paulo que o Conselho Federal de Medicina elaborou um parecer técnico nº 08, no ano de 2013, defendendo a hormonioterapia para os adolescentes diagnosticados com disforia de gênero, onde há a orientação da conduta para o acompanhamento até a fase adulta. (SOCIEDADE BRASILEIRA DE PEDIATRIA, 2018)

Conforme a Sociedade Americana de Endocrinologia, a criança ou adolescente com transtorno de identidade de gênero que preencher os critérios para os protocolos de mudança de sexo se assim for, deverá ser submetido ao tratamento de bloqueio da puberdade dos fatores biológico, iniciando nos primeiros momentos de sinais de puberdade, com concentrações dos hormônios estradiol e testosterona.

Salienta-se que é fundamental haver monitoramento para cuidar efeitos adversos em decorrência do bloqueio dos sinais da puberdade, como a parada de crescimento ou maturação óssea. Tal tratamento é recomendado para uma faixa etária certa a fim de conseguir o devido êxito e ainda, por conta da reversibilidade deste, se o bloqueio hormonal for descontinuado a puberdade espontânea ocorrerá de imediato.

O protocolo estabelecido, relacionado ao crescimento ósseo, informa a necessidade de exames a cada 3 meses, da antropometria (peso, altura,etc) e laboratoriais (FSH, LH, estradiol e testosterona) e também exames anuais, como densitometria óssea e idade óssea através de um raio X da mão esquerda, e os laboratoriais para verificar função hepática e renal, lípidos, glicemia, insulina, e Hb glicosilada. (HEMBREE *et al* 2017, p.38090) Se aos 16 anos o adolescente manter o desejo quanto a mudança de sexo, segundo protocolo haverá uma crescente gradual na concentração do esteróide oposto para induzir então a puberdade do gênero desejado.

Em 2014, muitos canais de notícias, referenciaram histórias de crianças O Hospital Infantil de Los Angeles hoje possui o Centro para Saúde e Desenvolvimento dos Jovens Transexuais com pouco mais de 5 anos, e o que começou com cerca de 40 crianças passou a ter 340 pacientes entre 4 a 25 anos de idade afirmou a médica Johanna Olson, diretora do Centro, em entrevista para Jaime Gonzáles da rede de notícias BBC (2014). Dentre seus pacientes, o hospital passou a acompanhar Zoey Navarro que nasceu sendo do sexo masculino e com 13 anos começou seu tratamento, após inúmeras perseguições e abusos na escola, além de tentativa de suicídio aos 8 ou 9 anos, por não querer mais viver daquela forma.

Outro caso semelhante é o da Jazz Jennings que com 5 anos de idade foi diagnosticada com disforia de gênero e desde então iniciou um processo de transição para ser vista como menina, ela começou o tratamento hormonal com 13 anos também por conta da puberdade, mas além disso ela possui um livro publicado sobre sua história e hoje é cofundadora de uma instituição de apoio a pessoas transexuais, a "The Transkids Purple Rainbow". Após longos anos de tratamento, em 2020, a jovem foi submetida à terceira cirurgia para o procedimento de transição. (MONET, 2020)

Sabe-se que o diagnóstico de disforia de gênero depende de um processo com total acompanhamento de uma equipe multidisciplinar tendo em vista a complexidade, consequências e reverberações pelo impacto causado na vida e saúde da criança, sua família, escola e no ambiente o qual ela integra. Esse impacto geralmente, inicia pelo reconhecimento e aceitação, o que por vezes gera sentimentos de negação, culpa, repulsa, indignação entre outros, por parte dos pais enquanto os atores sociais estão na tenra infância, alterando sua estabilidade emocional e sua saúde mental e emocional.

Quando essas crianças possuem maior desenvolvimento cognitivo e percebem que não se encaixam ou pertencem ao corpo com o qual nasceram, pois os relatos iniciam com essas expressões geralmente, eles são os primeiros a sentirem os sentimentos já referenciados. Logo, entende-se que a promoção e a atenção integral para a criança e o adolescente por parte da família, por exemplo, através de diálogos e conversas proporcionam a formação de uma rede de confiança por laços, pois eles serão percebidos nas suas individualidades, necessidades tendo segurança em compartilhar seus sentimentos.

3 A PERSPECTIVA DA PROTEÇÃO INTEGRAL PARA CRIANÇAS E ADOLESCENTES

A figura da criança e do adolescente nem sempre foi percebida no que tange seu reconhecimento enquanto atores sociais e, historicamente, mais distante ainda era a percepção das meninas enquanto sujeitos de direitos. Em períodos passados, as crianças eram tratadas como mini adultos, pois entendia-se que o processo de aprendizagem se dava totalmente através da prática.

Os ofícios extra casa e a compreensão e lógica do trabalho doméstico eram exercitados desde cedo. Dentro dessa lógica, fato era que os trabalhos domésticos seriam aprendidos pelas meninas e os demais ofícios pelos meninos. Outra perspectiva é a construção de laços de afeto, fazia parte das representações, que a figura masculina era bruta, séria e inflexível e a figura feminina era subordinada e submissa a representação anterior e que qualquer sinal de mudança era sinal de fraqueza social. Na ótica de Philippe Ariès a relação existente no século XV era de que:

> [...] a criança desde muito cedo escapava à sua própria família, mesmo que voltasse a ela mais tarde, depois de adulta, o que nem sempre acontecia. A família não podia portanto, nessa época, alimentar um sentimento existencial profundo entre pais e filhos. Isso não significava que os pais não amassem seus filhos: eles se ocupavam de duas crianças menos por elas mesmas, pelo apego que lhes tinham, do que pela contribuição que essas crianças podiam trazer à obra comum, ao estabelecimento da família. A família era uma realidade moral e social, mais do que sentimental. (ARIÈS, 2016, p.158)

Diante de uma sociedade com tamanha inflexibilidade e da não percepção da identidade de um indivíduo que possui fraquezas, inseguranças, vontades, medos esse tipo de representação foi atravessando os tempos não reconhecendo que, apesar das diferenças existentes, por vezes temporais próprias do desenvolvimento, todos são seres humanos com as necessidades peculiares de cada um. Assim, "a família transformou-se profundamente na medida em que modificou suas relações internas com as crianças." (ARIÈS, 2016, p. 154)

Se formos analisar o Brasil, no último século, houveram algumas legislações que nortearam o país quanto a percepção e tratamento estatal e social no que tange as crianças e os adolescentes. Dentre elas os Códigos de Menores de 1927 e

1979, a Constituição Federal de 1988 e a Lei 8069/90, conhecida como Estatuto da Criança e do Adolescente.

O Decreto n. 17.943-A de 12 de outubro de 1927, o Código de Menores de 1927 (BRASIL, 1927) é considerado a primeira legislação brasileira dedicada à proteção da infância e da adolescência. Embora sofrendo críticas, o Código apresentou avanços legislativos diante da sociedade e outras legislações da época, proibindo a roda dos expostos, proibiu o trabalho de crianças com idade de até 11 aos, restringiu o trabalho de indivíduos com idades entre 12 e 17 anos, proibiu a prisão de crianças e adolescentes menores de 18 anos. (WESTIN, 2015)

Evidente que a criança era percebida socialmente como um objeto de pertencimento de outrem, regida pela doutrina da Situação Irregular. Atualmente, após um longo processo de evolução social e legislativa, as crianças foram reconhecidas como sujeitos de direitos, salvaguardados pela Proteção Integral, assegurando o melhor interesse da criança, com escopo constitucional (BRASIL, 1988) e infraconstitucional, através da Lei 8.069 de 13 de julho de 1990.

A Constituição Federal de 1988, além de prever o rol de direitos fundamentais e sociais, explicitando os direitos à igualdade, à liberdade, à saúde, estes estão ancorados em um dos principais fundamentos da República, que é a dignidade da pessoa humana, ou seja, todos têm o direito de uma vida digna nas suas mais diversas direções (BRASIL, 1988). Além dessas previsões estruturantes, o Artigo 227º expõe que:

> É dever da família, da sociedade e do Estado assegurar à criança, ao adolescente e ao jovem, com absoluta prioridade, o direito à vida, à saúde, à alimentação, à educação, ao lazer, à profissionalização, à cultura, à dignidade, ao respeito, à liberdade e à convivência familiar e comunitária, além de colocá-los a salvo de toda forma de negligência, discriminação, exploração, violência, crueldade e opressão. (BRASIL, 1988)

Percebendo a criança e o adolescente como sujeito com prioridade absoluta, o Artigo 3º do Estatuto da Criança e do Adolescente ratificou a titularidade em relação aos direitos fundamentais, assegurando "todas as oportunidades e facilidades, a fim de lhes facultar o desenvolvimento físico, mental, moral, espiritual e social, em condições de liberdade e de dignidade." (BRASIL, 1990)

Sabendo que as crianças são titulares de direitos fundados na dignidade, não importando a idade que tenham, e que o Estado, a sociedade e a família são responsáveis por promover e assegurar seus direitos, observar a criança, suas preferências e seus comportamentos são elementos que perfectibilizam o seu amplo desenvolvimento, bem como sua saúde mental.

A questão de gênero na vida das crianças deve ser um assunto abordado com atenção, delicadeza e extremo cuidado, pois é na infância que prevalece a maior recepção de informações, percepções, gostos, conceitos, preferências e comportamentos através das descobertas da vida. Há uma necessidade especial nos cuidados da criança transgênero pela peculiaridade dela, por não estarem encaixadas no padrão binário da sociedade, havendo fatores externos que podem proporcionar problemas pessoais e sociais com impacto direto na sua saúde. No mesmo período da infância no qual a criança aprende designações de sexo e identidade de gênero, ela está absorvendo os papéis de gêneros com as representações e influências, tendo como principal fonte a família.

A relação com a saúde é bastante próxima, pois de acordo com a OMS, entende-se por saúde "um estado total de bem-estar físico, mental e social não simplesmente a ausência de doença" (OMS, 1947, p.1) Nessa mesma lógica a Constituição Federal de 1988, prevê a saúde como um dos direitos fundamentais e sociais previstos e garantidos

Ainda à luz da Constituição Federal existe o fundamento que busca, além da saúde, a igualdade sem distinção de sexo ou outra característica e que ornamenta um dos princípios mais importantes do direito de família e da criança e adolescente que é o da proteção. Esse princípio caminha de forma conjunta com o da dignidade da pessoa humana que engloba princípios como autonomia privada, cidadania, respeito as diferenças, cabendo a família dar o suporte para o desenvolvimento e a aplicação destes.

Os direitos humanos desfraldam a bandeira da universalidade não de forma abstrata, porém de forma historicamente condicionada e concreta. Tendem à concretude, que completa a universalidade, a que propendem. Admitir alguma exclusão seria negar o direito de família no seu próprio núcleo fundamental – o direito à família – inibindo a teoria e a prática dos direitos humanos familiais. (DE BARROS, 2003)

Com isso de forma saudável a família deve se manter ciente que não deve forçar um molde comportamental seja qual for, mas sim, dar aporte para que a criança se encontre, sem impor preocupações excessivas com as designações de gênero socialmente definidas. Crianças estão em fluidez com a identidade, construindo cada aspecto, quando elas passam a demonstrar fatos como gostar de brinquedos convencionalmente feitos para o sexo oposto, atenta-se posteriormente a questão de desconforto sobre si, cabendo então aos pais amenizar esses tipos de problemas, sendo essenciais pois são quem podem buscar ajudas psicológicas e tratamentos, dando um suporte aquele que não tem autonomia suficiente para fazer sozinho.

No Instituto de Psiquiatria do Hospital das Clínicas de São Paulo há o Ambulatório Transdisciplinar de Identidade de Gênero e Orientação Sexual (AMTIGOS), onde são realizados acompanhamentos psicológicos familiar, com uma reunião mensal de pais ou todos os envolvidos na criação e acompanhamento da criança. Neste local, eles podem dividir as angústias em relação as dúvidas sobre a criança até que ela realmente consiga firmar de fato sua identidade. (SAADEH *et. al.*2019)

O Ambulatório possui assistente social que orienta os pais quanto aos direitos e leis que podem ser utilizadas em prol da criança, além disso desde 2016 realizam reuniões com escolas, passando informações para professores e diretores, com a ideia de multiplicar mentalidades abertas e sem preconceitos, criando desde a base uma atmosfera de respeito e empatia.

> A capacidade de ser empático facilita a comunicação. A empatia fornece força para

> mudar roteiros negativos e para amar as crianças de uma maneira que elas se sintam ouvidas e valorizadas. [...] Isso define a base para que elas nos escutem e nos ouçam de verdade (BROOKS, GOLDSTEIN, 2004,p.32)

Os pais querem que seus filhos se tornem adultos gentis e autoconfiantes, para isso eles tem que promover situações que favoreçam esse comportamento como o constante diálogo, expondo as diversidades e problemas que existem. A escola, sendo a segunda maior fonte que a criança tem para aprendizado e influências, deve estar pronta, disponível e acessível a criança. Pois, por vezes, será na escola que ela terá maiores chances de ser barrada por escolhas que divergem do restante do grupo, sendo necessário estar atento e batalhar pelas crianças a fim de que não se sintam deslocadas nem sofram com suas escolhas e identidades.

A ABGLT (Associação Brasileira de Lésbicas, Gays, Bissexuais, Transexuais e Travestis) realizou uma pesquisa nacional sobre estudantes LGBTQI+ que apontou que 73% dos jovens entre 13 e 21 anos já foram vítimas de agressão verbal na escola em função de seu gênero ou sua sexualidade. (Associação Brasileira de Lésbicas, Gays, Bissexuais, Travestis e Transexuais, 2016) Importante ressaltar que transexuais, homossexuais e outros que não seguem comportamentos considerados adequados sempre estiveram às margens da sociedade, reforçado pelas estruturas normativas histórico-sociais.

Nas célebres palavras de Nelson Mandela: "Ninguém nasce odiando outra pessoa por causa da cor da sua pele ou sua origem, sua sexualidade ou religião. As pessoas devem aprender a odiar, e se eles podem aprender a odiar, podem ser ensinados a amar, pois o amor chega mais naturalmente ao coração humano do que o seu oposto".

Visto que o social exerce forte influência sobre o indivíduo, precisa-se uma mudança de consciência em todos os âmbitos, familiar, escolar e também socialmente. Informar que um homossexual não sente atração pelo sexo oposto, ou que um transexual se identifica como outro sexo e não como nasceu pode ser confuso para alguém que nasceu e cresceu ouvindo e reproduzindo a ideia que isso é errado. Mas ser informado sobre, além de não tornar ninguém em algo que não quer, apenas dará novas perspectivas sobre o que existe no mundo não forçando este ou aquele comportamento.

A proteção integral direcionada à criança e ao adolescente está na percepção das suas necessidades e do cuidado no acompanhamento do seu desenvolvimento. Justamente por esse estado especial de desenvolvimento a criança, principalmente, deve ser instigada a manifestar suas preferências, gostos, vontades, medos e inseguranças.

Essas manifestações acontecem de forma natural, por exemplo, uma criança pulando no sofá, na visão dela é uma situação divertida e legal já os pais vão perceber o perigo que há, caso ela venha a fazer isso na ausência de um cuidador. Nessa e em todas as outras situações a empatia e o diálogo permanente com a criança faz com que ela possa compreender na medida do seu desenvolvimento formando uma relação de confiança, sabendo que será ouvida.

CONSIDERAÇÕES FINAIS

As mudanças sócio politicas que vem ocorrendo na sociedade ocidental ainda há enraizado uma cultura heteronormativa e seus processos de tipificação sexual permanecem concentrados nos gêneros femininos e masculinos e preponderantemente cisgênero, ocasionando eventos sociais que possibilitam a depreciação aos que não são enquadrados nessas denominações ou características.

Em contrapartida, consoante a divulgação que existe sobre a transgenia na imprensa atual, casos de crianças trans passaram a ser revelados cada vez mais, sendo importante não só por proporcionar espaço e voz a elas, mas reconhecimento sobre algo que por vezes não sabe-se como nomear, como muitos adultos de hoje, que cresceram com dúvidas, pressões, sofrimentos e desconfortos por não poderem dizer o que são ou não terem conseguido se definir.

Os estudos estão movimentando o reconhecimento de novas identidades, além de estar viabilizando acompanhamento multidisciplinar e tratamentos específicos, a fim de proporcionar uma qualidade de vida digna e a saúde física e mental. Dentre as propostas a hormonioterapia é a que tem sido difundida entre os jovens com disforia de gênero, com viés de, além de possibilitar um bloqueio de uma fase biológica desagradável para eles, ensejar em um amadurecimento sem perturbações ou distúrbios que afetam a saúde mental e social dessa criança e adolescente.

Salienta-se que com centros específicos de pesquisa e

acompanhamento há de se notar a possibilidade de identificar a disforia de gênero ainda na infância. Contudo, o estudo observou que o acompanhamento dessas crianças deve ser com total lógica e observação da proteção integral, com um cuidado conjunto da família, da equipe multidisciplinar, da sociedade e demais pessoas e entidades que integram o ambiente dessa criança.

O amparo que uma criança, que demonstra ser de um gênero diferente ao seu sexo biológico, deve ser extensivo a vários âmbitos consoante os parâmetros sociais que este jovem irá passar, necessitando o apoio da família para fortalecer suas lutas e sua voz, através dos laços construídos pela atenção e diálogo. As instituições que têm o dever de ampará-las também devem prevalecer pela igualdade, liberdade e saúde, assegurando que seu desenvolvimento pode ser seguro e saudável de forma mais completa. Deve-se apontar à sociedade que a imposição de papéis de gênero já não satisfaz os contornos sociais e que a cada dia deve-se preparar a sociedade para assimilar e aceitar, respeitando as reflexões e novas ideologias.

REFERÊNCIAS

ARIÈS, Philippe. **História social da criança e da família.** Trad. Dora Flaksman. 2.ed. Rio de Janeiro: LTC, 2016.

Associação Brasileira de Lésbicas, Gays, Bissexuais, Travestis e Transexuais. Secretaria de Educação. **Pesquisa Nacional sobre o Ambiente Educacional no Brasil 2015: as experiências de adolescentes e jovens lésbicas, gays, bissexuais, travestis e transexuais em nossos ambientes educacionais.** Curitiba: ABGLT, 2016.

AVEN. **The Asexual Visibility and Education Network.** Disponível em: < https://www. asexuality.org/>. Acesso em 29 de dez. de 2019.

BBC. **Menores transexuais recebem apoio cada vez mais cedo nos EUA.** Disponivel em:< https://www.bbc.com/portuguese/noticias/2014/10/141015_transgenero_adolescente_los_angeles_fn>. Acessado em: 18 de Outubro de 2019.

BEAUVOIR, Simone de. **O Segundo Sexo**. v.I, II. Tradução Sérgio Milliet. Rio de Janeiro: Nova Fronteira, 1980.

BECERRA-FERNÁNDEZ, Antonio. **Transexualidad – la búsqueda de uma identidade**. Madri: Ediciones Días de Santos, 2003.

BENTO, Berenice Alves de Melo. **O que é transexualidade**. São Paulo: Brasiliense, 2008.

BRASIL. **Decreto Nº 17.943-A de 12 de Outubro de 1927.** Revogado. Disponível em: < http://www.planalto.gov.br/ccivil_03/decreto/1910-1929/D17943A.htm>. Acesso em 03 de jul. de 2019.

BRASIL. **CONSTITUIÇÃO DA REPÚBLICA FEDERATIVA DO BRASIL DE 1988**. Disponível em: < http://www.planalto.gov.br/ccivil_03/constituicao/constituicao.htm>. Acesso em 03 de jul. de 2019.

BRASIL. **Lei nº 8.069, de 13 de Julho de 1990.** Dispõe sobre o Estatuto da Criança e do Adolescente e dá outras providências. Disponível em: < http://www.planalto.gov.br/ccivil_03/leis/l8069.htm>. Acesso em 03 de jul. de 2019.

BROOKS, Robert. GOLDSTEIN, Sam. **Criando filhos seguros e confiantes**. São Paulo: M Books, 2004.

BUTLER, J. **Problemas de gênero: feminismo e subversão da identidade.** Trad. Renato Aguiar. Rio de Janeiro: Editora Civilização Brasileiro, 2003.

CID 11. Disponível em: <https://icd.who.int/browse11/l-m/en#/http%3a%2f%2fid.who.int%2ficd%2fentity%2f411470068>. Acesso em 03 de jul. de 2019.

CREMESP. Conselho Regional de Medicina do Estado de São Paulo. **Resolução CREMESP n. 208 de 27 de outubro de 2009.** Dispõe sobre o atendimento médico integral à população de travestis, transexuais e pessoas que apresentam dificuldade de integração ou dificuldade de adequação psíquica e social em relação ao sexo biológico. Disponível em: < https://files.cercomp.ufg.br/weby/up/16/o/pplgbt-21.pdf>. Acesso em 19 de out. de 2019.

DE BARROS, Sérgio Resende. **Direitos Humanos e Direito de Família.** 2003. Disponível em: < http://www.srbarros.com.br/pt/direitos-humanos-e-direito-de-familia.cont>. Acesso em 03 de out. de 2019.

GONZÁLEZ, Jaime. **Transexual de 13 anos revela luta por aceitação nos Estados Unidos.** Publicado no Brasil por UOL. Publicação original BBC Mundo. Disponível em: < https://noticias.bol.uol.com.br/ultimas-noticias/entretenimento/2014/10/17/transexual-de-13-anos-revela-luta-por-aceitacao-nos-estados-unidos.htm>. Acesso em 03 de fev. de 2020.

HEMBREE, W. C. et al. Endocrine Treatment of Gender-Dysphoric/Gender- Incongruent Persons: An Endocrine Society Clinical Practice Guideline. **The Journal of clinical endocrinology and metabolism**. v. 102, n. 11, p. 3869–3903, 2017.

MCHUGH, Paul. **Cirurgia de Transgenitalização** não é a solução. The Wall Street Journal. Disponível em: . Acesso em: 01 jan. 2020.

MONET. **Jazz Jennings, estrela de reality e ativista trans, mostra cicatrizes de cirurgia de redesignação sexual.** Pub. 02 de jan. de 2020. Disponível em: < https://revistamonet.globo.com/Celebridades/noticia/2020/01/jazz-jennings-estrela-de-reality-e-ativista-trans-mostra-cicatrizes-de-cirurgia-de-redesignacao-sexual.html>. Acesso em 03 de fev. de 2020.

PERES, A. P. A. B., **Transexualismo: o direito a uma nova identidade sexual.** Rio de Janeiro: Editora Renovar, 2001.

Princípios Yogyakarta. **Princípios sobre a aplicação da legislação internacional de direitos humanos em relação à orientação sexual e identidade de gênero**. 2007. Disponível em: < http://www.dhnet.org.br/direitos/sos/gays/principios_de_yogyakarta.pdf>. Acesso em 01 de dez. de 2020.

OMS. WORD HEALTH ORGANIZATION. **´´Constituition of the WHO``**. Chronicle of the WHO, n.3, 1947. Disponível em: < https://apps.who.int/gb/bd/PDF/bd48/basic-documents-48th-edition-en.pdf>. Acesso em 21 de ago de 2019.

SAADEH, Alexandre, *et al.*. **AMTIGOS – Ambulatório Transdisciplinar de Identidade de Gênero e Orientação Sexual, do IPq-HCFM/USP: proposta de trabalho com crianças, adolescente e adultos.** Disponível em: < http://docs.bvsalud.org/biblioref/2019/09/1016648/bis-v19n2-diversidade-86-97.pdf>. Acesso em 11 de jun de 2019.

SOCIEDADE BRASILEIRA DE PEDIATRIA. **Disforia de gênero na infância e adolescência: desafio que passa a exigir a atenção dos pediatras brasileiros**. Pub. 05 de Out. de 2018. Disponível em: < https://www.sbp.com.br/imprensa/detalhe/nid/disforia-de-genero-na-infancia-e-adolescencia-desafio-que-passa-a-exigir-a-atencao-dos-pediatras-brasileiros/>. Acesso em 15 de out. de 2019.

_______________. **"Critérios para diagnosticar e tratar o transtorno de identidade de gênero são abordados em documento da SBP"**. 2017 Disponivel em: <https://www.sbp.com.br/imprensa/detalhe/nid/criterios-para-

SCOTT, Joan. **Gênero: uma categoria útil para a análise histórica.** Trad. Cristine Rufino Dabat e Maria Betânia Ávila. 1989. Disponível em: < https://edisciplinas.usp. br/pluginfile.php/185058/mod_resource/content/2/G%C3%AAnero-Joan%20Scott.pdf>. Acesso em 21 de nov. de 2019.

WESTIN, Ricardo. **Crianças iam para a cadeia no Brasil até a década de 1920.** Senado Notícias. Pub. 07 de Jul. de 2017. Disponível em: < https://www12.senado.leg.br/noticias/materias/2015/07/07/ criancas-iam-para-a-cadeia-no-brasil-ate-a-decada-de-1920#:~:text=Em%2012%20de%20outubro %20de,conhecida%20como%20C%C3%B3digo%20de%20Menores.&text=O%20c%C3%B3digo%20de%201927%20foi,da%20inf%C3%A2ncia%20e%20da%20adolesc%C3%AAncia.> . Acesso em 14 de ago. de 2019.

Impressão e acabamento
psi7 | book7
psi7.com.br book7.com.br